の絶えない大人気料理家
タスカジ・ろこさんの

詰めて、冷凍して、
チンするだけ!

3STEP 冷凍コンテナごはん

徳間書店

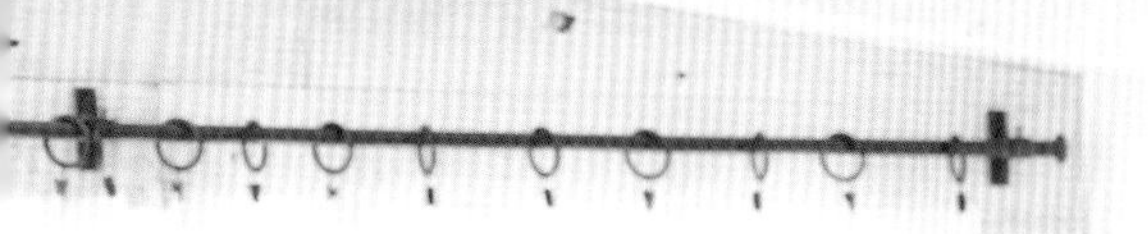

はじめに

こんにちは!　時短料理研究家のろこです!

普段はご依頼をいただいた家庭に訪れ、それぞれのご要望に応じた料理を作る訪問調理の仕事をしたり、ママたちの日々の生活に寄り添う料理のワークショップを開いています。

今回、書籍を出版させていただくこととなったのも、“親が留守の時のごはんや補食に困っている”という相談が始まりです。「成長盛りの子どもにレトルトやコンビニのものばかり与えるのも後ろめたいし、かといって手間暇かける時間がない」という多数の声。

そこで、“できるだけ親が頑張らずに、家族みんなが笑顔になれるものはできないか?”と考え、ようやくたどり着いたのが「コンテナごはん」です。準備は10分以内（火も使わない!）、最後の加熱は子どもや料理が苦手な方でも1人でできる、あえての“一食分完結ごはん”。

部活や塾のあとは帰宅時間も遅くなり、最近は夜ごはんの時間も家族全員がバラバラというご家庭も珍しくありません。そのような場合でも、「コンテナごはん」さえ冷凍庫にストックしておけば、一日に何度も料理を作ったり、温め直したり（そうしているうちに、味が変わってきてしまったり泣）という手間からも解放されますよ。

「コンテナごはん」は子どものごはんや補食以外にも、夜遅く帰ることが多い一人暮らしの方や、晩酌のおつまみが欲しい方、遠く離れて暮らしている家族へ送るなど、多種多様に使えて便利!　という、うれしいお声もいただいています。いろいろな方に、さまざまな用途で使ってほしいという思いから、アジアン風や野菜おかずなどレシピも幅広く収録しました。作り手の想いがたっぷり詰まった安心安全な「コンテナごはん」を、一人でも多くの方に愛用いただけると幸いです。

2021年1月
ろこ

冷凍保存OK! 火を使わない!

簡単3STEPの コンテナごはんとは?

STEP 1

麺も調味料も
コンテナに!

加熱なし

コンテナひとつに材料をすべて入れる

ひとつのコンテナに麺も具材も調味料もすべて投入。これだけで準備が完了するのが、コンテナごはんのすごいところ。鍋やフライパンを使ったり、火を使うことは一切なし。家庭にある調味料や材料で手軽に、短時間で作れます。

STEP 2

最大1カ月
冷凍保存可能

ふたをして

冷凍庫で保存

できあがったコンテナごはんは、ふたをして冷凍庫へ。最大1カ月の保存が可能です。常温や冷蔵保存と異なり、冷凍なら新鮮なまま! 調味料と一緒に保存するから、素材のまま冷凍するより美味しさが長持ちします。

1コンテナ1人分

食べたいメニューを電子レンジでチン！

お腹が減った時に好きなメニューを取り出して、電子レンジで加熱するだけ！　簡単に家庭の味がいただけます。子どもでも作れるよう、加熱はたった1回。途中でほかの調味料や具材を足してもう一度加熱するといった面倒な工程もありません。

お留守番中でも
できたて手作りの味を
召し上がれ♪

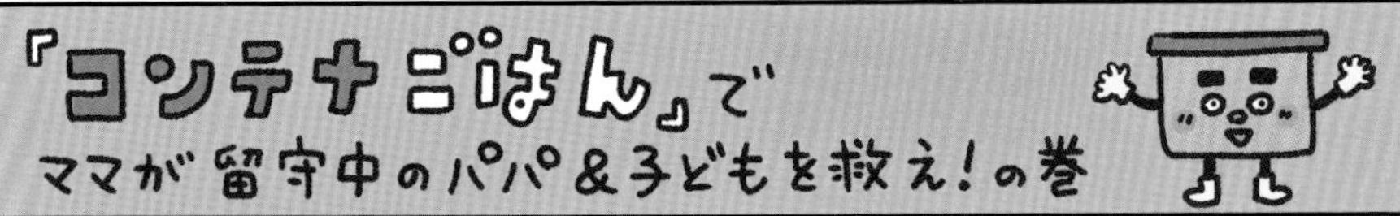
「コンテナごはん」で
ママが留守中のパパ＆子どもを救え！の巻

パパ、お昼ごはんよろしくね
いってきまーす
パパ！お腹すいたよ～
よ～し、任せとけ！焼きそばを作るぞ！
細切りって何？量は？まったくわからない（汗）!!
レシピ
ママ～たすけて～
パパ
全然、用事ができないわ
ここは、私に任せて
えっ？

時短料理研究家のろこです！
「コンテナごはん」をお持ちしました
ROCO
もくもくもくもく

コンテナごはんとは…
レンチンしてすぐに食べられる
冷凍ミールキット！
ただいまー
ん？
8

麺も肉も調味料も材料すべて詰め込んで
ROCO
10

おお〜〜
9

時間がある時に
まとめて作れるわ
冷凍庫で最大1カ月保存OK
ROCO
12

準備はこれで終了
火も使いません
1つのキット作りが
10分以下！
11

と、ある日
パパ！
お腹
すいたよ〜
クリームパスタ？
カオマンガイ？
なんでも、任せて！
コンテナごはんなら
僕でも調理できるよ！
しゅん
ソース焼きそばにしよう
6分チンするだけ
パパはチャーハン…
1コンテナ1人分だから
好きなものが
食べられるし
シェアも！
カップラーメンや
コンビニに頼らなくて
いいから安心

子どもの
習い事の前に
18
部活後の補食に
19
夜遅く帰ってきた時の
おつまみに
BEER
20
一人暮らしの子どもに
クール便でも送れる
ありがとー
21

家族みんな
HAPPY!
頑張らずにできる
コンテナごはんなら
22

コンテナごはんって、こんなに便利！ こんなにすごい！

1 火を使わないから安心 失敗知らず

「親がお出かけ中でも安心して作れるように」という思いから、考案された「コンテナごはん」。加熱は電子レンジのみ、火は一切使いません。ボタン操作も1回きり！ メニューに応じて5〜15分加熱するだけ。小学校高学年くらいの子どもも、料理が苦手な方も失敗しない、簡単キットです。

2 油少なめだからヘルシー

加熱調理はすべてレンジを使用しているため、使う油の量はゴクわずか。健康に気を遣っている方や成長期の子どもにもぴったり。フライパン調理のメニューと比べ、あっさりとしたやさしい味のレシピが多いのが特徴です。油ハネなど、やっかいな後始末が必要ないのもポイント！

3 作り置きOK! 冷凍保存最大1カ月

冷凍保存を前提に作られた「コンテナごはん」。紹介しているメニューはすべて、2週間〜1カ月程度おいしさをキープできます。食材が余った時に、時間がある週末に、特売デーに……！ 調理時間がわずかだから一度にまとめて作って冷凍しておけば、いざという時に安心です。

4 冷凍中に味が染み込み ワンランク上の味わいに

食材の細胞膜が破壊されるため、調味料が具材に染み込みやすくなるというメリットがある冷凍保存。加えて「コンテナごはん」は材料をすべてコンテナひとつに入れて冷凍保存するから、調味料が具材をコーティング。冷凍焼けを防止できるから仕上がりはしっとり、いつもの味がランクアップします。

5 麺料理もごはんものもコンテナひとつ

ひとつのメニューでお腹がいっぱいになるよう、本書で紹介しているレシピの約5割が麺料理やごはんものです。極限まで手間をカット！ 途中で茹で汁を捨てたり、器を分けて加熱する必要もありません。すべてコンテナひとつに入れて、加熱は食べる直前のみ！

6 1コンテナ1食分だからとりわけ不要

塾に部活にとそれぞれのスケジュールで行動している子どもたち。仕事で帰宅時間がなかなか見えないパパ。小腹が減る時間もバラバラです。1コンテナ＝1食分であらかじめ作っておくと、家族が各自好きなメニューを選んでレンジでチン！ 食べきれずに料理が余ることもありません。

7 スタッキングしやすいからスッキリ収納できる

主に使用しているのは、高さが異なる2タイプのコンテナです。幅が同じだから、スタッキングがしやすいのも魅力。冷凍庫でもスッキリ、ひと目で何がどこにあるかわかります。使わない時は、容器とふたを別々に重ねて収納すれば、ずっとコンパクトになります！

8 調理器具も洗いものも少なく、時短に！

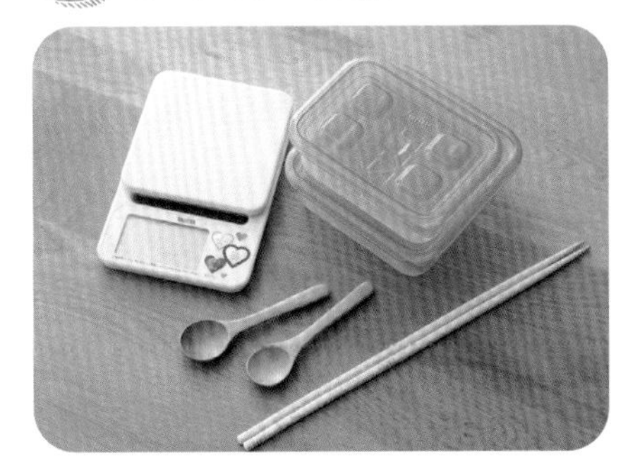

調理から、冷凍保存、レンジ加熱、食べる器まで！ ひとつで4役を兼ねる優秀なコンテナなら、調理器具も洗いものもずっと少なくなります。レシピもとっても簡単、中には包丁すら使わないものも！「コンテナごはん」は手間をできるだけ省いた、究極の時短ごはんです。

詰めて、冷凍して、チンするだけ！

3STEP 冷凍コンテナごはん

CONTENTS

はじめに …… 2
簡単3STEPのコンテナごはんとは？ …… 4
マンガ「コンテナごはん」で ママが留守中のパパ＆子どもを救え！の巻 …… 6
コンテナごはんって、こんなに便利！ こんなにすごい！ …… 10
本書で使うコンテナについて …… 16
この本の見方 …… 18

PART 1 おかわりの声が止まらない 満足度たっぷりレシピ …… 19

洋食屋のナポリタン …… 20
台湾まぜそば …… 22
鶏と根菜の混ぜ込みごはん …… 24
あさりのボンゴレ風パスタ …… 26
ラタトゥイユ丼 …… 27
ジャージャー麺 …… 28
味噌マヨ混ぜうどん …… 29
キーマカレー …… 30
手羽元の煮込み …… 31
ふっくらハンバーグ …… 32
チゲスープ …… 34

「コンテナごはん」を美味しく食べる6のルール …… 36

PART 2 パスタ 39

手間は最小限なのにリッチな味

ベーコンとコーンのクリームチーズパスタ …… 40
ツナときのこのパスタ …… 42
カルボナーラ …… 43
かぼちゃのスープ風パスタ …… 44
ソーセージとエリンギの和風パスタ …… 45
サバ味噌煮缶のトマトパスタ …… 46
しらすと舞茸のパスタ …… 47
アラビアータ …… 48
ミートソースパスタ …… 49
ペペロンチーノ …… 49

コンテナごはん　Q&A …… 50

PART 3 肉おかず 53

ボリューム満点！　夕食にも！

照り焼きチキン …… 54
ガーリックカレーチキン …… 56
鶏のチリソース …… 57
アジアン風 鶏もも肉の煮込み …… 58
タンドリーチキン …… 60
手羽元の塩だれ …… 61
麻婆豆腐 …… 62
豚肉となすのピリ辛中華炒め …… 63
シュウマイ …… 64
ヤングコーンの豚肉巻き …… 65
豚肉のしょうが焼き …… 66
なすのひき肉あんかけ …… 67
豚肉の塩麹蒸し …… 68
油揚げのひき肉詰め …… 69
ハッシュドビーフ …… 70
牛肉の照りみつ炒め …… 72
チンジャオロース …… 73
プルコギ …… 74

PART 4 ワンプレートごはん

野菜や肉も1つのメニューでとれる！

75

牛丼 …… 76
鶏肉となすの蒲焼き丼 …… 78
ガパオライス …… 79
タコライス …… 80
豚肉スタミナ丼 …… 81
カオマンガイ …… 82

ルウをポンと入れるだけ！
もっと時短ワンプレートごはん

ハヤシライス …… 84
クリームシチュー …… 85
チキンカレー …… 86

PART 5 中華麺&うどん

具だくさん&もっちり麺がたまらない！

87

ミーゴレン …… 88
汁なし担々麺 …… 90
ビビン麺 …… 91
バターしょうゆ焼きそば …… 92
ソース焼きそば …… 93
香港焼きそば …… 93
カレーうどん …… 94
焼きうどん …… 95
肉うどん …… 96

PART 6 ごはんもの …… 97

冷やごはんを使って、手間も時間もカット

ナシゴレン …… 98
香味炒飯 …… 100
野菜たっぷりピラフ …… 101
ジャンバラヤ …… 102

依頼者の声から生まれた、ろこ考案の「コンテナごはん」
家事代行マッチングサービス「タスカジ」がおうちごはん&補食事情をリサーチ! …… 104

PART 7 スープ …… 107

煮込まないのに、旨みたっぷり

春雨中華スープ …… 108
食べる野菜のコンソメスープ …… 110
ソーセージと白菜のしょうがスープ …… 111
参鶏湯〔サムゲタン〕風スープ …… 112
ミネストローネ …… 114
鶏肉のフォースープ …… 115
とろとろオクラのスープ …… 116
豚汁 …… 117

野菜ソムリエ・ろこのおかわりが止まらない野菜おかず7

かぼちゃとクリームチーズの煮物 …… 118
かぶの中華風 …… 119
エリンギのオイスターソース煮 …… 119
なすとカニカマのさっぱり和え …… 120
さつまいもの塩バター …… 120
ピーマンの甘辛和え …… 121
小松菜と油揚げの煮物 …… 121

「コンテナごはん」加熱時間一覧表 …… 122
INDEX …… 126

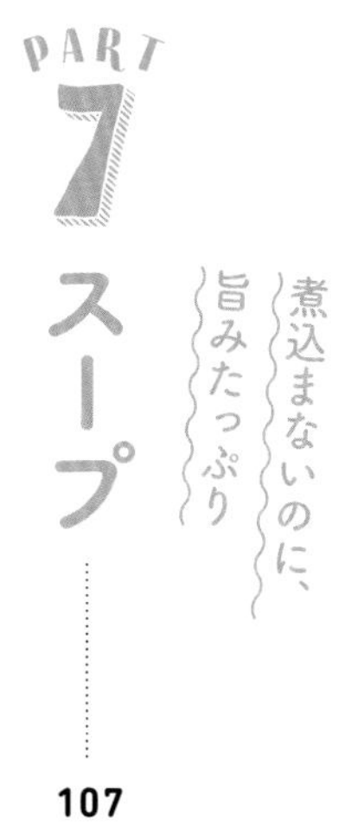

本書で使うコンテナについて

作る料理に応じて3タイプを使い分け！

「コンテナごはん」のレシピでは3タイプのコンテナを使用しています。野菜おかず用は浅底タイプ、パスタ用は深底タイプ、それ以外は中底タイプ。おうちにコンテナがある方は、似ている形や容量のものでまずはトライを。加熱時間もメニューに掲載している時間をもとに微調整してみて。

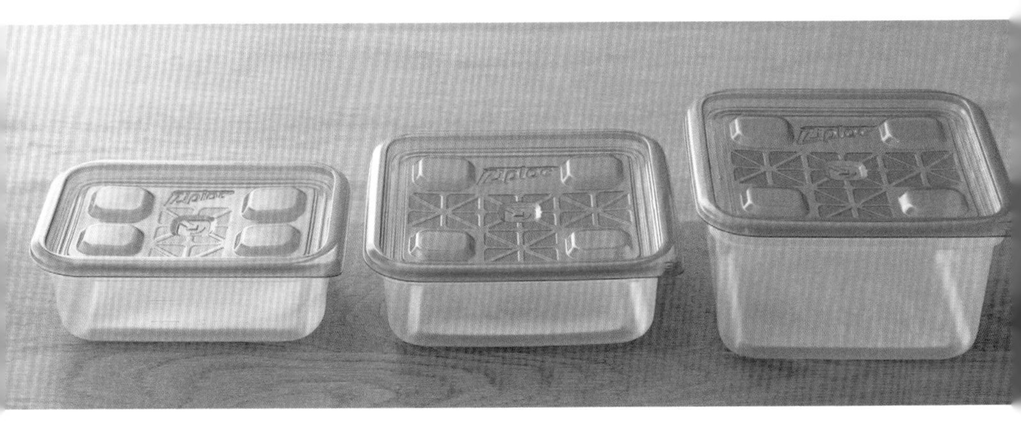

長方形の 浅底タイプ

内容量　480mℓ
117×156×53㎜

おすすめ料理

野菜おかず

正方形の 中底タイプ

内容量　700mℓ
156×156×53㎜

おすすめ料理

肉おかず
ワンプレートごはん
中華麺
汁なしうどん
ごはんもの
スープ

正方形の 深底タイプ

内容量　1100mℓ
156×156×83㎜

おすすめ料理

パスタ
汁ものうどん

耐熱＆冷凍OKのプラスチック製を！

コンテナはプラスチック製、耐熱性があり、冷凍保存もできるものを選びましょう。容器だけでなくふたもレンジ加熱OKのものだと、ラップを使用することなく、ゴミも手間も減らせます。熱い箇所と冷たい箇所ができてしまう加熱ムラが少なくなる角型が、おすすめです。

電子レンジのワット数と加熱時間について

本書は600Wのフラット式電子レンジを使用してレシピ作りを行っています。普段500Wをお使いの場合は1.2倍、700Wの場合は0.85倍を基準に加熱を。また、電子レンジのメーカーや機種によりできあがりに差がありますので、右の表を基に微調整を行ってくださいね。

600W (本書使用)	500W	700W
3分	3分40秒	2分30秒
4分	4分50秒	3分20秒
5分	6分	4分20秒
6分	7分10秒	5分10秒
7分	8分20秒	6分
8分	9分40秒	6分50秒
9分	10分50秒	7分40秒
10分	12分	8分30秒
12分	14分20秒	10分10秒
15分	18分	12分50秒

この本の見方

★本書に記載のレシピはすべて1コンテナ1人分です。
★写真に掲載されている飾り用の野菜、レシピに掲載のお好みで加える材料について、レシピの分量は省略しています。
★調味料の分量は大さじ1＝15㎖、小さじ＝5㎖で計算しています。
★調味料の分量は目安です。お好みに合わせて加減をお願いします。
★野菜の下ごしらえについて省略していることがあります（洗う、皮をむく、ヘタを取るなど）
★冷凍時はなるべく水平な状態で保存してください。
★スパゲッティは7分茹でのものを使用しています。
★「コンテナごはん」はジップロック®のコンテナーを使用してレシピ制作しています。
★本書ではフラット式の電子レンジを使用、600Wを基準にレシピ制作しています。
★電子レンジの加熱時間はあくまでも目安です。機種に応じ、微調整してください。
★電子レンジで加熱する際は、設定時間を必ず守り、加熱しすぎないようにご注意ください。
★電子レンジでの加熱後、やけどの恐れがあるため「コンテナごはん」を取り出す際は、厚手の布やミトンをご使用ください。

おかわりの声が止まらない

満足度
たっぷりレシピ

延べ400件以上、実際のご家庭を訪れて料理を作るという
実体験から学んだ、本当に喜んでもらえる
メニューを揃えました。どれも、コンテナひとつ取り出して、
レンジ加熱数分で作ったとは思えない深い味わい。
あさりのだしがたまらない「ボンゴレ風パスタ」や子どもが
大好きな「ハンバーグ」など、おかわり必至の自信作をどうぞ。

パスタ料理もひとつのコンテナで
完結するから、ラクチン!

洋食屋のナポリタン

材料

スパゲッティ… 100g
オリーブオイル…小さじ1
ベーコン… 1枚
ピーマン…½個
玉ねぎ…⅛個
しめじ… 30g
Ⓐ カットトマト(缶詰)… 50g
トマトケチャップ…大さじ3
洋風スープの素…小さじ1
中濃ソース…小さじ1
塩こしょう…少々
バター… 8〜10g

準備

1 スパゲッティを半分に折って「X」の形にして、コンテナに入れる。水250mℓとオリーブオイルを入れ、麺となじませる
2 ベーコンは2cm幅に切り、ピーマンは細切り、玉ねぎは薄切りにする。しめじは石づきを切り、小房に分ける
3 Ⓐを混ぜ合わせる
4 **2**とⒶを入れ、最後にバターをのせる。ふたをして冷凍庫へ

食べる時は…

1 冷凍庫からコンテナを取り出し、ふたを斜めにのせて、電子レンジで12分(スパゲッティの既定の茹で時間+5分)加熱する
2 トングで、下から麺と具を絡めるように混ぜる

1
パスタの麺を
「X」の形にして入れ
水とオイルとなじませる

2
調味料と具材を
麺の上から入れ、
冷凍庫へ

3
食べたい時に
冷凍庫から出して、
レンジでチン!

4
麺と具材を
よく混ぜる

とろみのあるまろやか甘辛ダレで、
麺に絡みやすい

台湾まぜそば

コンテナ容量 700ml
冷凍 14日 OK
加熱 600W 7分

材料

中華蒸し麺…1玉
ごま油…小さじ1
ニラ…2本
長ねぎ…10cm
豚ひき肉…70g

Ⓐ しょうゆ…小さじ2
酒…小さじ2
コチュジャン…小さじ2
オイスターソース…小さじ1
にんにく(すりおろし)…少々
しょうが(すりおろし)…少々

準備

1. 中華蒸し麺をコンテナに入れて、ごま油と水小さじ2をかける
2. ニラを1cm幅に、長ねぎを小口切りにして入れる
3. 豚ひき肉とⒶを混ぜ合わせてからのせる。ふたをして冷凍庫へ

食べる時は…

1. 冷凍庫からコンテナを取り出し、ふたを斜めにのせて電子レンジで7分加熱する
2. 麺と具をよく混ぜる
3. お好みで粉々にしたかつおぶしと卵黄をのせる

1 中華蒸し麺を
コンテナに入れ
ごま油と水を回しかける

2 具材をのせる

3 食べたい時に
冷凍庫から出して、
レンジでチン!

4 麺と具材を
よく混ぜる

コンテナ容量 700ml
冷凍 30日OK
加熱 600W 8分

香ばしいおこげもごちそう!

鶏と根菜の混ぜ込みごはん

材料

冷やごはん…150g

Ⓐ しょうゆ…小さじ1
　みりん…小さじ1
　酒…小さじ1
　和風だしの素(顆粒)
　　…小さじ½
　砂糖…小さじ½

鶏もも肉…50g
にんじん…¼本
しいたけ…1個
れんこん…20g

準備

1 冷やごはんを平たくしてコンテナに入れ、Ⓐを混ぜ合わせてから回しかける
2 れんこんは2㎜のいちょう切りにして、水にさらしてあく抜きをする
3 鶏もも肉を1㎝角に、にんじんは2㎜のいちょう切り、しいたけは軸を切り、半分にしてから薄切りにして入れる。ふたをして冷凍庫へ

レンコンは水にさらしてあく抜きを

食べる時は…

1 冷凍庫からコンテナを取り出し、ふたを斜めにのせて電子レンジで8分加熱する
2 ごはんと具をよく混ぜる

1 冷やごはんをコンテナに入れる

2 混ぜ合わせた調味料を回しかけ具材をのせる

3 ふたをして冷凍庫へ

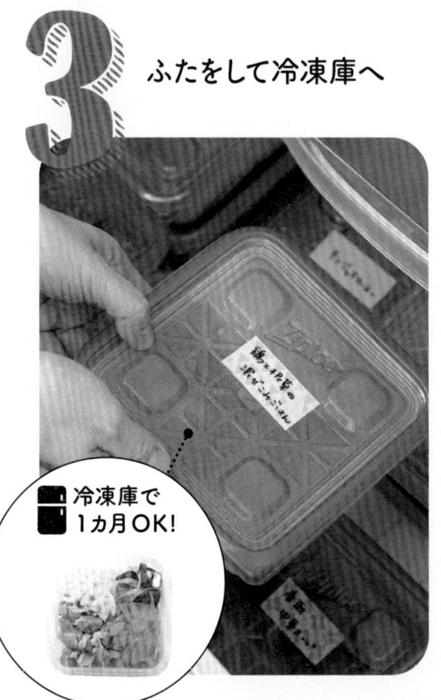

4 レンジ加熱後具材とごはんをよく混ぜ合わせる

あさりの旨みが詰まった缶汁を活用!
究極の時短パスタ!

あさりのボンゴレ風パスタ

材料

スパゲッティ…100g
オリーブオイル
…小さじ1
あさりの水煮(缶詰)
(130g入り)…1缶
玉ねぎ…1/8個
Ⓐ 酒…大さじ1
洋風スープの素
…小さじ1
塩…少々
にんにく(すりおろし)
…少々

準備

1 スパゲッティを半分に折って「X」の形にして、コンテナに入れる。水250mlとオリーブオイルを入れ、麺となじませる
2 玉ねぎをみじん切りにする。
3 玉ねぎとⒶ、あさりの水煮缶(汁ごと)を入れる。ふたをして冷凍庫へ

あさりの旨みが染み出た缶汁も残さず調味料として加えます

食べる時は…

1 冷凍庫からコンテナを取り出し、ふたを斜めにのせて、電子レンジで12分加熱(スパゲッティの既定の茹で時間+5分)加熱する
2 トングで、下から麺と具を絡めるように混ぜる

無水加熱で
じっくり煮込んだような味わいに

ラタトゥイユ丼

材料

ベーコン…1枚
なす…1本
ピーマン…1個
パプリカ（赤）…¼個
Ⓐ カットトマト缶…150g
トマトケチャップ
…大さじ1
洋風スープの素（顆粒）
…小さじ2
オリーブオイル
…小さじ1

準備

1 ベーコンは1cm幅、なす、ピーマン、パプリカは小さめの乱切りにする。なすは塩水にさらし、あく抜きをして、水気をとる
2 なす、ピーマンとパプリカ、ベーコンの順にコンテナに入れる
3 Ⓐを混ぜ合わせてから回しかける。ふたをして冷凍庫へ

ベーコンの旨みが全体に行きわたるように一番上にのせます

食べる時は…

1 冷凍庫からコンテナを取り出し、ふたを斜めにのせて電子レンジで8分加熱する
2 取り出して、具を混ぜる
3 ごはんをよそい、2をかける

冷凍中に味がしみ込み
こっくり濃厚な味わいに

ジャージャー麺

材料

中華蒸し麺…1玉
ごま油…小さじ1
れんこん…50g
たけのこの水煮…50g
豚ひき肉…70g
Ⓐ 酒…大さじ1
甜麺醤(テンメンジャン)…大さじ½
しょうゆ…大さじ½
砂糖…小さじ1
片栗粉…小さじ1
鶏がらスープの素…小さじ½
塩こしょう…少々
にんにく(すりおろし)…少々

準備

1 中華蒸し麺をコンテナに入れて、ごま油と水小さじ2をかける
2 れんこんとたけのこをみじん切りにして入れる
3 豚ひき肉とⒶを混ぜ合わせてからのせる。ふたをして冷凍庫へ

れんこんは食感が残るよう、少し大きめのみじん切りに

食べる時は…

1 冷凍庫からコンテナを取り出し、ふたを斜めにのせて電子レンジで7分加熱する
2 麺と具をよく混ぜる

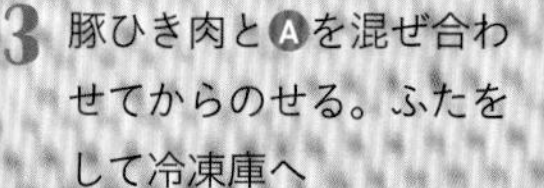

おつまみにも夜食にも!
炒めてないのに香ばしいコクウマ味

味噌マヨ混ぜうどん

材料

ゆでうどん…1玉
Ⓐ 味噌…小さじ2
マヨネーズ…小さじ2
みりん…小さじ2
しょうゆ…小さじ½
ちくわ…1本
キャベツ…1枚
しめじ…30g

準備

1 ゆでうどんをコンテナに入れて水小さじ2をかける
2 Ⓐを混ぜ合わせてから回しかける
3 ちくわは斜め切り、キャベツは1㎝幅に切る。しめじは石づきを切り、小房に分ける
4 3の野菜とちくわをのせ、ふたをして冷凍庫へ

味噌がダマにならないよう、しっかりと混ぜて

食べる時は…

1 冷凍庫からコンテナを取り出し、ふたを斜めにのせて電子レンジで6分加熱する
2 麺と具をよく混ぜる

少しの水で蒸すように加熱するから、
野菜の甘みたっぷり

キーマカレー

材料

玉ねぎ…1/8個
にんじん…1/4本
豚ひき肉…100g

Ⓐ トマトケチャップ…大さじ1
カレー粉…大さじ1
ウスターソース…小さじ1
砂糖…小さじ1/2
洋風スープの素（顆粒）
…小さじ1/2
にんにく（すりおろし）…少々
しょうが（すりおろし）…少々

準備

1 みじん切りにした玉ねぎとにんじんをコンテナに入れる
2 豚ひき肉と水大さじ2、Ⓐを混ぜ合わせてから回しかける。ふたをして冷凍庫へ

POINT

野菜にカレーがしみ込みやすいよう、野菜はみじん切りに

食べる時は

1 冷凍庫からコンテナを取り出し、ふたを斜めにのせて電子レンジで5分加熱する
2 取り出して、具を混ぜる
3 ごはんをよそい、2をかける

冷凍前

10分チンするだけで、
肉はふっくら、骨からだしがジュワー

手羽元の煮込み

材料

鶏手羽元…4本
しめじ…80g
Ⓐ しょうゆ…大さじ2
はちみつ…大さじ1
酒…大さじ1
酢…小さじ1

準備

1 しめじは石づきを切り、小房に分け、コンテナに入れる
2 鶏手羽元を入れる
3 水大さじ1とⒶを混ぜ合わせ、回しかける。ふたをして冷凍庫へ

食べる時は

1 冷凍庫からコンテナを取り出し、ふたを斜めにのせて電子レンジで10分加熱する

POINT

砂糖の代わりにはちみつを使うと、まろやかな甘さに

コンテナ容量 700㎖
冷凍 30日OK
加熱 600W 10分

ごはんのお供に
ぴったりの
甘酢ダレ

電子レンジなら半生の心配もなし！
ふわっとジューシーに

ふっくらハンバーグ

材料

Ⓐ 合い挽き肉…100g
玉ねぎ…1/8個
パン粉…大さじ1
マヨネーズ…小さじ1
塩こしょう…少々

Ⓑ トマトケチャップ…大さじ3
ウスターソース…大さじ2
洋風スープの素（顆粒）
…小さじ1/2
砂糖…小さじ1/2

準備

1 ボウルにⒶを入れる。肉に粘り気が出るまでよく混ぜてから、丸く成型してコンテナに入れる

2 Ⓑと水大さじ2を混ぜ合わせ、**1**の上に回しかける。ふたをして冷凍庫へ入れる

マヨネーズを入れるとふっくら

食べる時は…

冷凍庫からコンテナを取り出し、ふたを斜めにのせてレンジで5分加熱する

1

冷凍庫で
1カ月OK!

2

準備時間は
たったの10分
あとは冷凍庫へ

ごはんにのせて
上からソースをたっぷり!
丼風でいただくのも◎

3

食べたい時に
冷凍庫から出して
レンジへ!

600W
5分加熱

コンテナ容量 700㎖

冷凍 30日 OK

加熱 600W 10分

身体の芯から温まる絶品ウマ辛スープ

チゲスープ

材料

豚バラ薄切り肉…30g
白菜キムチ…100g
ニラ…2本
もやし…50g
Ⓐ 鶏がらスープの素
…小さじ1
コチュジャン…小さじ1
味噌…小さじ1
にんにく(すりおろし)
…少々

準備

1 コンテナにラップを敷く
2 ニラは3㎝幅に、豚肉は2㎝幅に切る
3 キムチ、もやし、ニラ、豚肉の順でコンテナに入れる
4 水200㎖とⒶを入れる。ふたをして冷凍庫へ

食べる時は…

1 冷凍庫からコンテナを取り出し、ふたを斜めにのせて電子レンジで10分加熱する

冷凍前

冷凍庫で
1カ月OK!

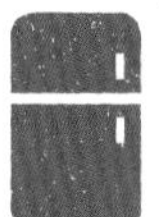

準備時間は
たったの5分
あとは冷凍庫へ

冷凍後

レンジだけで
調理したとは思えない
豊かな味わい

レンチン後

食べたい時に
冷凍庫から出して
レンジへ!

600W
10分加熱

「コンテナごはん」を
美味しく食べる6のルール

徐々にオリジナリティを加えて

1 分量や切り方はできるだけ正確に

量や切り方を少し変えるだけで、加熱ムラができやすい、電子レンジ調理。「コンテナごはん」のメニューも何度も試行錯誤を繰り返して、ようやく納得の味や熱の通り具合にたどり着きました。
最初はできるだけレシピ通りに、慣れてきたら徐々にオリジナリティをプラスするのがおすすめです。特に麺類は要注意。乾麺のスパゲッティの代わりに生めん、春雨の代わりにしらたきを使うなどすると、できあがりに差が生まれてしまう場合があります。

2 均一に熱が伝わるよう平らに敷き詰める

加熱ムラをできにくくするには、熱が均一に伝わるよう食材をなるべく平らな状態にすることが大切です。きれいな層になるように意識しながら、材料を敷き詰めるのがポイント。ごはんはラップで小分けした冷やごはんを使うと、空気も抜けてペタンと平らになりやすいのでおすすめです。

ラップで小分けした冷やごはんを使うと便利

3 誰が見てもわかるよう メニュー名や加熱時間をメモ

準備する人と食べる人が異なることもある「コンテナごはん」。誰が見てもすぐわかるように、メニュー名、作成日、加熱時間をメモしておきましょう。巻末には加熱時間一覧表（P122-125）を用意したので、レンジの近くに貼っておくと便利です。

※電子レンジで加熱する前にはがしてください

「マステ代わりに、簡単に手で切ってはがせるディアキチを愛用。透けにくく、冷凍しても文字がクッキリ。カラーや模様のバリエーションがたくさんあるのも気に入っています！」

ディアキチTM ワザアリTMテープ
300円～／ニチバン℡**0120-377218**

4 加熱時、ふたは斜めにのせる

電子レンジで加熱する時は必ずふたを斜めにずらして、蒸気の逃げ道を確保。ぴったりとふたをしたまま加熱すると、破裂してしまう危険性があります。ふた代わりにラップを使用する時は、蒸気が逃げられるようにふわりとかけてあげましょう。
また加熱後は、容器自体も熱くなっているため、火傷する可能性が。必ず厚手の布やミトンで運び、トレイの上にのせて召し上がれ。

5 長時間、電子レンジを使用する時は時々お休みを

電子レンジを長時間使い続けると、庫内の温度が上がり、レシピ通りに仕上がらない場合があります。そんな時はふたを開けて、しばらくお休みを。庫内の熱を逃がしてから、再び、調理をスタートしてくださいね。

6 加熱後、調味料と具材をすぐになじませる

加熱後庫内からコンテナを取り出したら、調味料が食材になじむように混ぜ合わせましょう。特に、麺類やごはんものは素早くスープやタレと絡めるのがポイント。温かいうちにいただきましょう。

手間は最小限なのにリッチな味

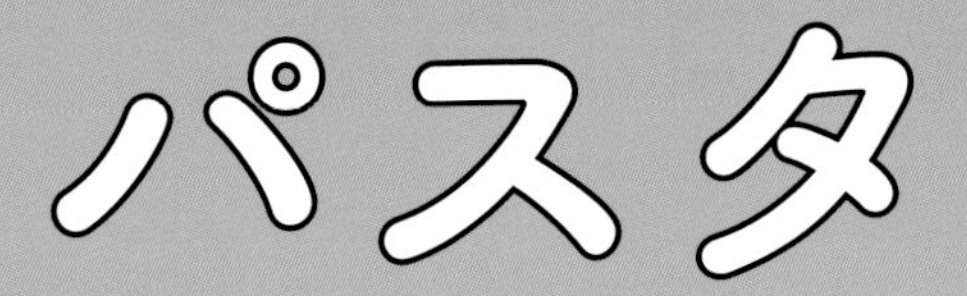

パスタ

別茹でや麺を湯切りする手間もなく、
1回のレンジ加熱であったかスパゲッティができあがり！
面倒くさがりさんや、お腹がペコペコの子どもにも大人気の
簡単メニューです。トマトやクリームから中華まで、
ソースも幅広くラインナップ。鍋で茹でるよりもっちりと仕上がった麺を、
自慢のソースと絡めて召し上がれ。

コンテナ容量 1100㎖
冷凍 30日 OK
加熱 600W 12分

麺に絡む濃厚クリーミーな
ソースがたまらない

ベーコンとコーンの クリームチーズパスタ

材料

スパゲッティ…100g
オリーブオイル…小さじ1
ベーコン…2枚
キャベツ…1枚
アスパラガス…1本
ホールコーン(缶詰)…大さじ3
Ⓐ 洋風スープの素…小さじ2
にんにく(すりおろし)…少々
塩こしょう…少々
クリームチーズ…30g

準備

1 スパゲッティを半分に折って「X」の形にして、コンテナに入れる。水250㎖とオリーブオイルを入れ、麺となじませる
2 ベーコンは2㎝幅、キャベツは3㎝角、アスパラガスは斜め薄切りにする
3 **2**とコーン、Ⓐを入れ、最後にクリームチーズをのせる。ふたをして冷凍庫へ

食べる時は…

1 冷凍庫からコンテナを取り出し、ふたを斜めにのせて、電子レンジで12分(スパゲッティの既定の茹で時間+5分)加熱する
2 トングで、下から麺と具を絡めるように混ぜる

1 パスタの麺を「X」の形にして入れ水とオイルとなじませる

2 調味料と具材を麺の上から入れ冷凍庫へ

3 食べたい時に冷凍庫から出してレンジでチン!

4 水切り必要なし!レンチン後混ぜていただきます!

冷凍前

コンテナ容量 1100ml
冷凍 30日OK
加熱 600W 12分

ツナの缶汁が隠し味!
見た目以上に奥行きのある味わい

ツナときのこのパスタ

材料

スパゲッティ…100g
ごま油…小さじ1
しめじ…50g
しいたけ…2個
ツナ(缶詰)…70g
A めんつゆ(3倍濃縮)…小さじ2
しょうゆ…小さじ½
和風だしの素(顆粒)…小さじ½
塩…少々

準備

1 スパゲッティを半分に折って「X」の形にして、コンテナに入れる。水 250mlと ごま油を入れ、麺となじませる
2 しめじは石づきを切り、小房に分け、しいたけは薄切りにして入れる
3 ツナは缶汁ごと、Aは混ぜ合わせてから入れ、ふたをして冷凍庫へ

ツナ缶のオイルはすべて入れて

食べる時は…

1 冷凍庫からコンテナを取り出し、ふたを斜めにのせて、電子レンジで12分(スパゲッティの既定の茹で時間+5分)加熱する
2 トングで、下から麺と具を絡めるように混ぜる

常にランキング上位!
子ども大好きメニュー

カルボナーラ

材料

スパゲッティ…100g
オリーブオイル…小さじ1
ベーコン…3枚
Ⓐ 生クリーム…150mℓ
洋風スープの素(顆粒)…小さじ1
塩こしょう…少々

準備

1 スパゲッティを半分に折って「X」の形にして、コンテナに入れる。水150mℓと オリーブオイルを入れ、麺となじませる
2 ベーコン3枚は2cm幅に切り、Ⓐを混ぜ合わせる
3 ベーコンとⒶを入れ、ふたをして冷凍庫へ

調味料はよく混ぜてから入れると、味がなじみます

食べる時は…

1 冷凍庫からコンテナを取り出し、ふたを斜めにのせて、電子レンジで12分(スパゲッティの既定の茹で時間+5分)加熱する
2 トングで、下から麺と具を絡めるように混ぜたあと お好みで卵黄を加えて混ぜる

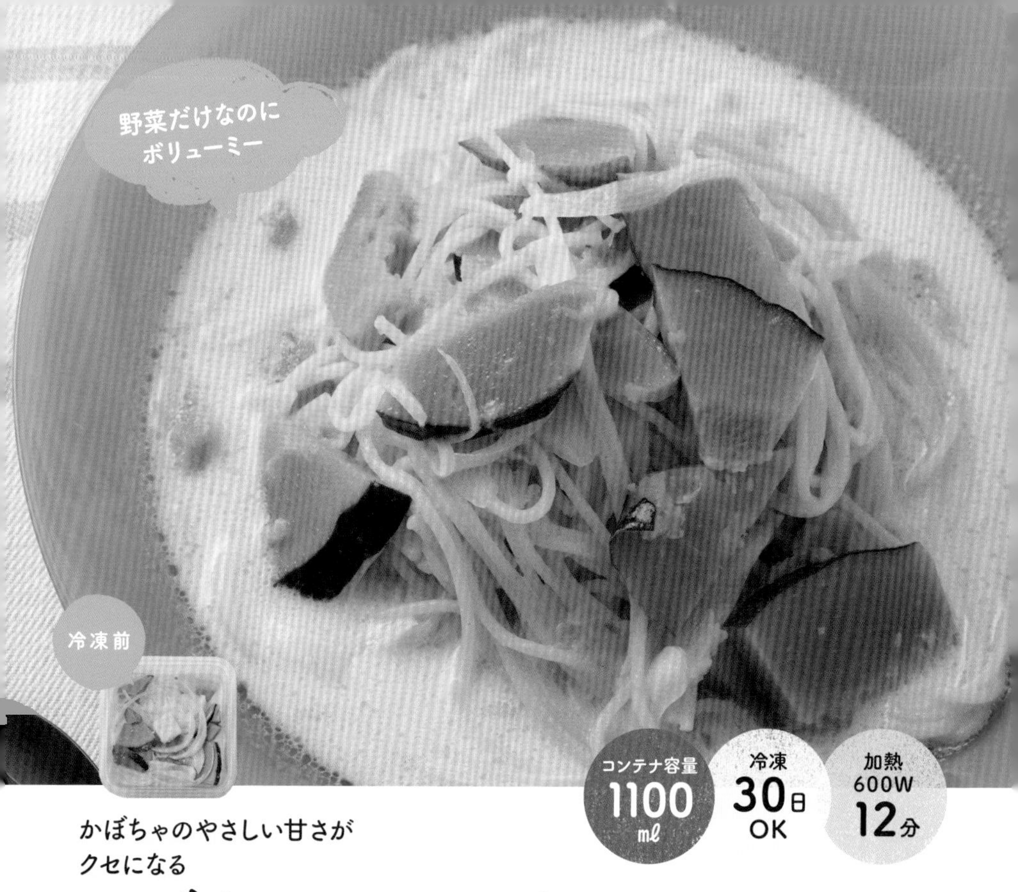

かぼちゃのやさしい甘さが
クセになる

かぼちゃのスープ風パスタ

材料

スパゲッティ…100g
オリーブオイル…小さじ1
かぼちゃ…1/8個
玉ねぎ…1/8個
Ⓐ 牛乳…150mℓ
洋風スープの素（顆粒）…小さじ2
塩こしょう…少々
バター…8～10g

準備

1 スパゲッティを半分に折って「X」の形にして、コンテナに入れる。水200mℓと オリーブオイルを入れ、麺となじませる

2 かぼちゃと玉ねぎは薄切りにする。Ⓐを混ぜ合わせる

3 **2**を入れ、最後にバターをのせる。ふたをして冷凍庫へ

かぼちゃは3㎜ほどの薄切りでそろえると均一に熱が入りやすく

食べる時は…

1 冷凍庫からコンテナを取り出し、ふたを斜めにのせて、電子レンジで12分（スパゲッティの既定の茹で時間＋5分）加熱する

2 トングで、下から麺と具を絡めるように混ぜる

身近な食材で気軽に作れるから
常にストックしておきたい

ソーセージとエリンギの和風パスタ

材料

スパゲッティ… 100g
オリーブオイル…小さじ1
ソーセージ… 3本
エリンギ… 1本
Ⓐ しょうゆ…大さじ1
にんにく（すりおろし）…少々
塩こしょう…少々
バター… 8〜10g

準備

1 スパゲッティを半分に折って「X」の形にして、コンテナに入れる。水250mℓとオリーブオイルを入れ、麺となじませる

2 ソーセージは斜め薄切りに、エリンギは長さを半分に、さらに縦半分に切り、縦に3mm幅に切る。Ⓐを混ぜ合わせる

3 **2**とⒶを入れ、最後にバターをのせる。ふたをして、冷凍庫へ

食べる時は…

1 冷凍庫からコンテナを取り出し、ふたを斜めにのせて、電子レンジで12分（スパゲッティの既定の茹で時間＋5 分）加熱する

2 トングで、下から麺と具を絡めるように混ぜる

味噌の甘みとトマトの酸味が
絶妙にマッチ

サバ味噌煮缶のトマトパスタ

材料

スパゲッティ…100g
オリーブオイル…小さじ1
サバの味噌煮(缶詰)
(115g入り)…1缶

Ⓐ カットトマト(缶詰)…100g
しょうゆ…小さじ½
にんにく(すりおろし)…少々
塩こしょう…少々

準備

1 スパゲッティを半分に折って「X」の形にして、コンテナに入れる。水250㎖とオリーブオイルを入れ、麺となじませる

2 サバの味噌煮(缶汁ごと)とⒶを入れ、ふたをして冷凍庫へ

サバの味噌煮を適度にほぐすと仕上がりがまろやかに

食べる時は…

1 冷凍庫からコンテナを取り出し、ふたを斜めにのせて、電子レンジで12分(スパゲッティの既定の茹で時間＋5分)加熱する

2 トングで、下から麺と具を絡めるように混ぜる

コンテナ容量 1100ml ／ 冷凍 30日OK ／ 加熱 600W 12分

オイスターソースで中華風に

しらすと舞茸のパスタ

材料

スパゲッティ…100g
オリーブオイル…小さじ1
舞茸…50g
しらす…大さじ3
Ⓐ 鶏がらスープの素
　…小さじ1
　しょうゆ…小さじ1
　オイスターソース
　…小さじ 1
　にんにく（すりおろし）
　…少々
　塩こしょう…少々

準備

1. スパゲッティを半分に折って「X」の形にして、コンテナに入れる。水250mlとオリーブオイルを入れ、麺となじませる。
2. 舞茸は石づきを切り、小房に分ける
Ⓐを混ぜ合わせる
3. 舞茸とⒶを入れ、最後にしらすをのせる。ふたをして冷凍庫へ

POINT

最後にしらすをのせると、加熱により、全体に風味が行き渡ります

食べる時は…

1. 冷凍庫からコンテナを取り出し、ふたを斜めにのせて、電子レンジで12分（スパゲッティの既定の茹で時間＋5分）加熱する
2. トングで、下から麺と具を絡めるように混ぜる

冷凍前

シンプルだけど
トマトとニンニクの旨みがギュッと凝縮

アラビアータ

材料

スパゲッティ…100g
オリーブオイル…小さじ1
玉ねぎ…1/8個
Ⓐ カットトマト(缶詰)…150g
塩…小さじ1
洋風スープの素(顆粒)…小さじ1/2
赤唐辛子(輪切り)…小さじ1/2
にんにく(すりおろし)…少々

準備

1 スパゲッティを半分に折って「X」の形にして、コンテナに入れる。水250mℓとオリーブオイルを入れ、麺となじませる
2 玉ねぎをみじん切りにする。Ⓐを混ぜ合わせる
3 玉ねぎとⒶを入れ、ふたをして冷凍庫へ

食べる時は…

1 冷凍庫からコンテナを取り出し、ふたを斜めにのせて、12分(スパゲッティの茹で時間＋5分)加熱する
2 トングで、下から麺と具を絡めるように混ぜる

冷凍前

バターのまろやかなコクで
子どももパクパク!

ミートソースパスタ

コンテナ容量 1100㎖　冷凍 14日OK　加熱 600W 12分

材料

スパゲッティ…100g
オリーブオイル…小さじ1
玉ねぎ…1/8個
Ⓐ合いびき肉…100g
カットトマト(缶詰)…150g
ケチャップ…大さじ2
洋風スープの素(顆粒)…小さじ2
砂糖…小さじ1
バター8〜10g

ひき肉と調味料をよく混ぜると味がなじみます

準備

1 ラップを敷き、スパゲッティを半分に折って「X」の形にして入れる。水200㎖とオリーブオイルを入れ、麺となじませる
2 玉ねぎをみじん切りにし、Ⓐとよく混ぜ合わせ、1の麺の上にのせる
3 上にバターをのせ、ふたをして冷凍庫へ

食べる時は…

1 冷凍庫からコンテナを取り出し、ふたを斜めにのせて　電子レンジで12分(スパゲッティの茹で時間+5分)加熱する
2 トングで、下から麺と具を絡めるように混ぜる

冷凍前

ガーリックのきいた鉄板の味付けは
小腹を満たすのに最適!

ペペロンチーノ

コンテナ容量 1100㎖　冷凍 30日OK　加熱 600W 12分

材料

スパゲッティ…100g
オリーブオイル…小さじ1
ベーコン…1枚
キャベツ…1枚
ブロッコリー…20g
Ⓐ洋風スープの素(顆粒)…小さじ1
にんにく(すりおろし)…小さじ1
塩…小さじ1/2

準備

1 スパゲッティを半分に折って「X」の形にして、コンテナに入れる。水250㎖とオリーブオイルを入れ、麺となじませる
2 ベーコンは2㎝幅、キャベツは3㎝角に切り、ブロッコリーは小房に分ける
3 2とⒶをのせ、ふたをして冷凍庫へ

食べる時は…

1 冷凍庫からコンテナを取り出し、ふたを斜めにのせて、電子レンジで12分(スパゲッティの既定の茹で時間+5分)加熱する
2 トングで、下から麺と具を絡めるように混ぜる
3 お好みで、赤唐辛子(輪切り)をのせる

コンテナごはんQ&A

冷蔵庫で保存できる？

A 麺もの以外なら2〜3日OK

パスタ、中華麺、うどんは、保存中に麺が水分を吸ってしまい、加熱ムラができやすくなるためおすすめしません。ただ、麺以外のメニューなら冷蔵庫で2〜3日は保存OK。電子レンジの加熱時間はマイナス1分を基準に微調整をしてみてください。また、一旦加熱したものの再加熱は、肉がかたくなったり、味が濃くなることがあるため、避けましょう。

1つのコンテナに
2倍量入れても大丈夫？

A 2倍量作りたい時は、コンテナを2つ用意して

「コンテナごはん」は、1食分を想定して、コンテナの大きさ選びから材料の分量にいたるまで開発したものです。1コンテナ1食分なら、加熱後ほかの器に盛りつける手間もなく、コンテナのまま食べられるというメリットも！　2倍量作りたい時は、コンテナを2つご用意ください。

ターンテーブルタイプの電子レンジでも作れる？

A もちろん！ コンテナを置く位置だけ注意して

本書のメニューは、フラットタイプの電子レンジを使用して制作されたものですが、もちろん、ターンテーブルの電子レンジでも作ることができます。その際、コンテナを置く位置だけは注意を。フラットタイプは電子レンジの中央に、ターンテーブルタイプはお皿の端にコンテナを置くと、均一に加熱されます。

フラットタイプの場合
真ん中に置く

ターンテーブルタイプの場合
お皿の端に置く

きちんと加熱されているか心配

A 肉の色で判断して

準備段階で一切加熱をしない、簡単「コンテナごはん」。中まで熱が通っているかどうか心配な時は、肉の色で判断を。まずは、レシピに掲載している分数だけ加熱して、できあがりをチェック。肉が赤い場合は、30秒ごと延長して様子を見てください。ひと口大の厚みがある肉の場合は竹串を刺して、肉汁が透明なら火が通ったサインです。

コンテナのにおいが取れない

A 塩水シェイクなら秒殺！

料理のにおいや色が移ってしまうことがある、プラスチック製のコンテナ。普段のお手入れは隅ずみまで洗剤の泡が届く泡状スプレー洗剤がおすすめですが、それでも落ちない時は、塩水を入れてシェイクしてみて。即、においが軽減でき、殺菌効果も期待できます。カレーやキムチなど、色移りが気になるメニューを作る時は、ラップを敷いてから材料を詰めましょう。

いつものお手入れは ＞＞ 泡状スプレー洗剤をひと吹き

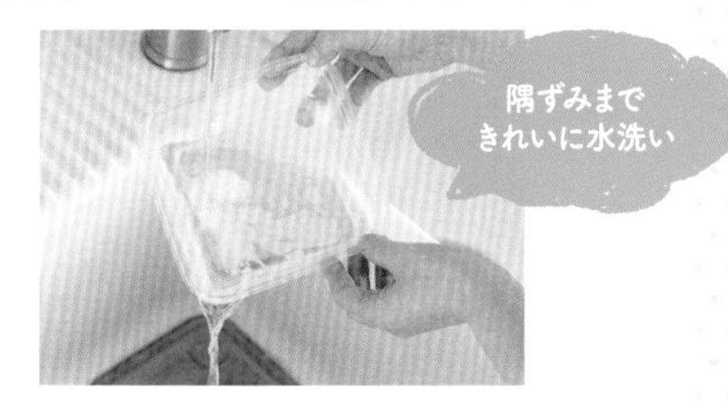

気になるにおいには ＞＞ 塩水を入れてシェイク

色が移るのを防ぐには ＞＞ 最初にラップを敷いて

PART 3

ボリューム満点！夕食にも！

肉おかず

家族の大好物、肉おかずが冷凍庫にあると、
いざという時にとっても安心。炊飯器でごはんさえ炊いておけば、
帰りが遅くなった時の夕食代わりにも、育ち盛りの子どもの急な
「お腹すいた」コールにも対応できるメニューがズラリ。
手間暇をかけたように見える
「ハッシュドビーフ」や「シュウマイ」だって、数分で食卓に♪

蒸すように加熱するから
やわらかでジューシーな仕上がりに!

照り焼きチキン

コンテナ容量 700㎖

冷凍 30日 OK

加熱 600W 8分

材料

鶏もも肉(ひと口大)… 150g
キャベツ… 2枚
エリンギ… 1本
Ⓐ しょうゆ…大さじ2
みりん…大さじ1
はちみつ…大さじ1

準備

1 キャベツは3㎝角に エリンギは長さを半分に、さらに縦半分に切り、縦に3㎜幅に切り、コンテナに入れる。鶏肉をのせる

2 Ⓐを混ぜ合わせ、回しかける。ふたをして冷凍庫へ

食べる時は…

1 冷凍庫からコンテナを取り出し、ふたを斜めにのせて電子レンジで8分加熱する

1 材料を入れる
（お肉は一番上に!）

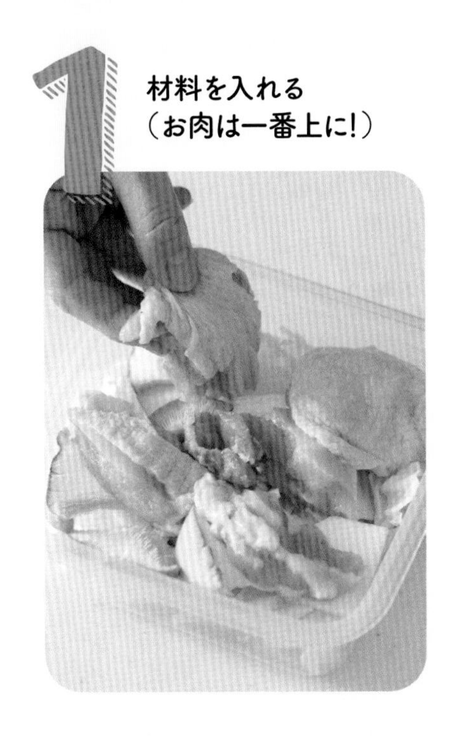

2 調味料を混ぜ合わせて
全体に回しかける

3 ふたをして冷凍庫へ

4 食べたい時に
冷凍庫から出して
レンジでチン!

コンテナ容量 700ml
冷凍 30日OK
加熱 600W 10分

鶏肉にカレーとニンニクをすりこむから
臭みもなく味もランクアップ

ガーリックカレーチキン

材料

鶏手羽元 4 本
パプリカ（赤・黄）…½個
Ⓐ カレー粉…大さじ2
にんにく（すりおろし）…少々
塩こしょう…少々
Ⓑ しょうゆ…大さじ1
砂糖…小さじ1

準備

1 細切りにしたパプリカをコンテナに入れる
2 鶏手羽元にⒶをまぶして入れる
3 水大さじ1とⒷを混ぜ合わせて回しかけ、ふたをして冷凍庫へ

調味料は一緒に混ぜて、手羽元にすりこむようにまぶして

食べる時は…

1 冷凍庫からコンテナを取り出し、ふたを斜めにのせて電子レンジで10分加熱する

とろみのあるやさしい甘さのソースは
ごはんとの相性も抜群!

鶏のチリソース

材料

鶏もも肉(ひと口大)…150g
長ねぎ…15cm
Ⓐ トマトケチャップ…大さじ3
片栗粉…小さじ2
砂糖…小さじ1
鶏がらスープの素(顆粒)
…小さじ½

準備

1 鶏もも肉、みじん切りにした長ねぎをコンテナに入れる
2 水100mlとⒶを混ぜ合わせて回しかけ、ふたをして冷凍庫へ

食べる時は…

1 冷凍庫からコンテナを取り出し、ふたを斜めにのせて電子レンジで8分加熱する

コンテナ容量 700ml
冷凍 30日OK
加熱 600W 8分

冷凍時間が調理時間！
鶏の旨みが野菜にも染み込み、本格的な味わいに！

アジアン風 鶏もも肉の煮込み

材料

鶏もも肉（ひと口大）… 150g
長ねぎ… 20cm
パプリカ（赤）… 1/4個
Ⓐ ナンプラー大さじ… 1
しょうゆ…小さじ1
砂糖…小さじ1/2
にんにく（すりおろし）…少々

準備

1 鶏もも肉、長ねぎは3cm、パプリカは細切りにして、コンテナに入れる
2 Ⓐと水大さじ1を混ぜ合わせ、1の上に回しかける。コンテナのふたをして冷凍庫へ入れる

食べる時は…

冷凍庫からコンテナを取り出し、ふたを斜めにのせてレンジで8分加熱する

冷凍庫で
1カ月OK!

2

準備時間は
たったの5分
あとは冷凍庫へ

冷凍後

野菜から出た
旨みの詰まった
つゆもごちそう

3

レンチン後

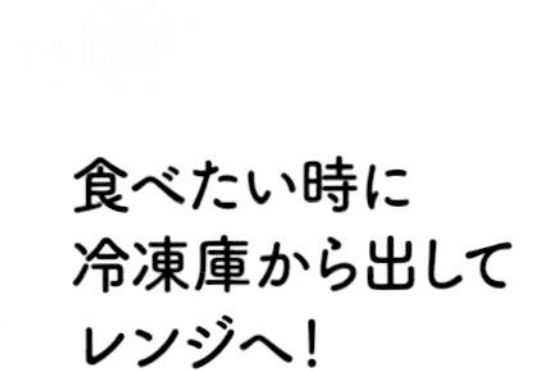

食べたい時に
冷凍庫から出して
レンジへ！

600W
8分加熱

ちょっぴり
スパイシー！
やみつきになる味

冷凍前

ヨーグルトのチカラで
ふんわりやわらかなお肉に！

タンドリーチキン

コンテナ容量 700ml
冷凍 30日 OK
加熱 600W 8分

材料

鶏もも肉（ひと口大）…150g
玉ねぎ…1/4個
パプリカ（赤）…1/4個
Ⓐ プレーンヨーグルト…大さじ2
トマトケチャップ…大さじ1
カレー粉…小さじ1
にんにく（すりおろし）…少々
しょうが（すりおろし）…少々

準備

1 玉ねぎを薄切りに、パプリカを細切りにしてコンテナに入れる
2 Ⓐを混ぜ合わせる
3 鶏もも肉に2をもみ込み、1にのせる。ふたをして冷凍庫へ

ヨーグルトを鶏肉にもみ込むと臭いもとれて、まろやかに

食べる時は…

1 冷凍庫からコンテナを取り出し、ふたを斜めにのせて電子レンジで8分加熱する

加熱すると甘みが増す
白菜やねぎもたっぷり!

手羽元の塩だれ

材料

鶏手羽元…4本
白菜…1枚
長ねぎ…10㎝
Ⓐ 酒…大さじ1
ごま油…大さじ1
鶏がらスープの素(顆粒)…小さじ½
塩…少々
しょうが(すりおろし)…少々

準備

1 白菜を1㎝幅に、長ねぎを斜め薄切りにして、コンテナに入れる
2 鶏手羽元を入れる
3 Ⓐを混ぜ合わせ、回しかける。ふたをして冷凍庫へ

食べる時は…

1 冷凍庫からコンテナを取り出し、ふたを斜めにのせて電子レンジで10分加熱する

スープ感覚で味わえる
つゆだくマーボー

麻婆豆腐

コンテナ容量 700㎖

冷凍 14日OK

加熱 600W 8分

材料

豚ひき肉…70g
木綿豆腐…1/3丁（約100g）
長ねぎ…15㎝

Ⓐ しょうゆ…大さじ1
片栗粉…小さじ2
オイスターソース…小さじ1
砂糖…小さじ1/2
鶏がらスープの素（顆粒）
…小さじ1/2

準備

1 豆腐は1㎝角に切り、コンテナに入れる
2 みじん切りにした長ねぎを入れる
3 豚ひき肉、水100㎖とⒶを混ぜ合わせ、回しかける。ふたをして冷凍庫へ

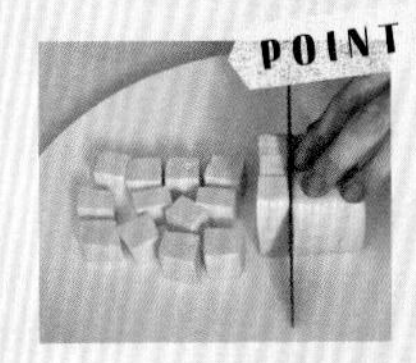

冷凍した豆腐をやわらかく保つためには、1㎝角に切るのが秘訣

食べる時は…

1 冷凍庫からコンテナを取り出し、ふたを斜めにのせて電子レンジで8分加熱する

レンジなら焼きすぎる心配もなく、
肉がやわらか

豚肉となすのピリ辛中華炒め

材料

豚薄切り肉…80g
なす…1本
長ねぎ…10㎝
小麦粉…小さじ1
Ⓐ しょうゆ…大さじ1
酒…大さじ1
砂糖…大さじ1
コチュジャン…小さじ1
片栗粉…小さじ1/3
しょうが(すりおろし)…少々

準備

1 なすを5㎜幅のいちょう切りにして、塩水にさらす
2 みじん切りにした長ねぎと1のなすの水気を切り、コンテナに入れる
3 豚薄切り肉を5㎝幅に切り小麦粉をまぶし、のせる
4 水大さじ3とⒶを混ぜ合わせ、上から回しかける。ふたをして冷凍庫へ

食べる時は…

1 冷凍庫からコンテナを取り出し、ふたを斜めにのせて電子レンジで5分加熱する

中からあふれ出る
肉汁ごと頬張りたい

シュウマイ

コンテナ容量 700ml
冷凍 14日 OK
加熱 600W 5分

材料

豚ひき肉…100g
玉ねぎ…1/4個

Ⓐ
- 酒…大さじ1
- しょうゆ…大さじ1
- 片栗粉…大さじ1
- ごま油…小さじ1
- 砂糖…小さじ1
- 塩こしょう…少々
- しょうが(すりおろし)…少々

シュウマイの皮…10枚

準備

1 ボウルに豚ひき肉とみじん切りにした玉ねぎ、Ⓐを入れ、粘り気が出るまでよく混ぜる

2 シュウマイの皮を親指と人さし指で包みこむ。できた輪の中に10等分した**1**のタネをスプーンで押し込むようにして詰める

3 コンテナにクッキングシートを敷き、その上にシュウマイを並べる。ふたをして冷凍庫へ

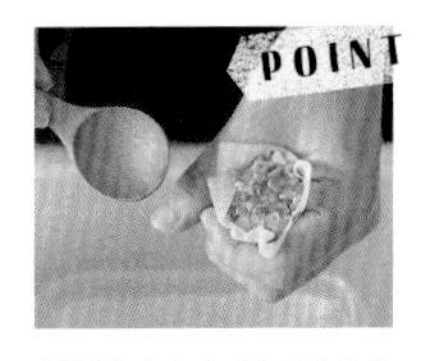

親指と人さし指で輪を作るようにすると、きれいな形に

食べる時は…

1 冷凍庫からコンテナを取り出し、ふたを斜めにのせて電子レンジで5分加熱する

冷凍前

甘酢ダレがヤングコーンにも
豚肉にもベストマッチ

ヤングコーンの豚肉巻き

材料

豚薄切り肉…150ｇ
ヤングコーン…6本
小麦粉…小さじ1

Ⓐ
しょうゆ…大さじ2
みりん…大さじ1
酒…大さじ1
すし酢…大さじ1
砂糖…小さじ1
しょうが（すりおろし）…少々

準備

1 ヤングコーンを豚肉で巻き、小麦粉をまぶし、コンテナに入れる
2 Ⓐを混ぜ合わせ、回しかける。ふたをして冷凍庫へ

食べる時は…

1 冷凍庫からコンテナを取り出し、ふたを斜めにのせて電子レンジで5分加熱する

コーンの太いほうから巻くときれいに！

コンテナ容量 700ml

冷凍 30日OK

加熱 600W 6分

鉄板ダレをお肉に絡めて
召し上がれ!

豚肉のしょうが焼き

材料

豚ロース肉(しょうが焼き用)
…3枚(約100g)
にんじん…1/4本
玉ねぎ…1/8個
小麦粉…小さじ1
Ⓐ 酒…小さじ2
しょうゆ…小さじ2
みりん…小さじ1
しょうが(すりおろし)
…小さじ1

準備

1 にんじんは短冊切りに、玉ねぎは薄切りにして、コンテナに入れる
2 豚肉を半分に切り、小麦粉をまぶして入れる
3 水小さじ1とⒶを混ぜ合わせ、回しかける。ふたをして冷凍庫へ

豚肉に小麦粉をまぶして、旨みを閉じ込めます

食べる時は…

1 冷凍庫からコンテナを取り出し、ふたを斜めにのせて電子レンジで6分加熱する

ノンオイルでヘルシー！
とろみのついたあんをどうぞ

なすのひき肉あんかけ

材料

豚ひき肉…80g
なす…1本

Ⓐ しょうゆ…大さじ2
酒…大さじ1
みりん…大さじ1
砂糖…大さじ1
片栗粉…小さじ2
和風だしの素（顆粒）…小さじ½
しょうが（すりおろし）…少々

準備

1 なすを5㎜幅の半月切りにして、塩水にさらし、水気を切ってからコンテナに入れる
2 豚ひき肉とⒶを混ぜ合わせてから、上にのせる

ひき肉と調味料を混ぜ合わせるとダマにならない

食べる時は…

1 冷凍庫からコンテナを取り出し、ふたを斜めにのせて電子レンジで7分加熱する

コンテナ容量 700㎖
冷凍 14日OK
加熱 600W 7分

塩麹の発酵パワーで
まろやかなやさしい味に

豚肉の塩麹蒸し

材料

豚薄切り肉…80g
キャベツ…2枚
長ねぎ…10cm
小麦粉…小さじ1
塩麹…大さじ1
Ⓐ オリーブオイル…大さじ1
　レモン汁…小さじ1

準備

1 キャベツを3cm角に、長ねぎを斜め薄切りにしてをコンテナに入れる
2 豚肉を5cm幅に切り、小麦粉と塩麹をまぶして、上にのせる
3 Ⓐを回しかける

塩麹を肉にもみ込むと冷凍中に味が染み込みます

食べる時は…

1 冷凍庫からコンテナを取り出し、ふたを斜めにのせて電子レンジで6分加熱する

コンテナ容量 700ml　冷凍 30日OK　加熱 600W 6分

ボリューム満点! 中には
お肉ととろ〜りチーズがぎっしり

油揚げのひき肉詰め

材料

豚ひき肉…70g
長ねぎ…10㎝
Ⓐ しょうゆ…小さじ2
酒…小さじ1
片栗粉…小さじ1
しょうが(すりおろし)…少々
油揚げ…1枚
スライスチーズ…1枚

準備

1 豚ひき肉、長ねぎとⒶを練り合わせる
2 油揚げを半分に切り、切り口を開け、ふくろ状にする
3 **2**の油揚げに、**1**を2等分したものと半分に切ったスライスチーズを詰める。2つ作ってコンテナに入れ、ふたをして冷凍庫へ

食べる時は…

1 冷凍庫からコンテナを取り出し、ふたを斜めにのせて電子レンジで4分加熱する

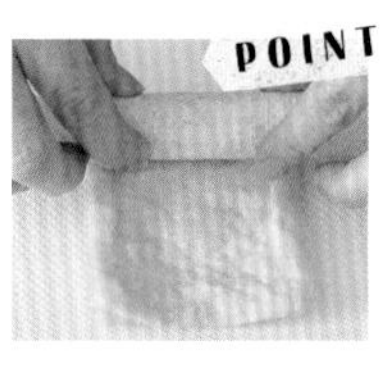

キッチンペーパーの上に油揚げを置き、ギュッと押しつけるように巻くのがコツ

半分に切り、真ん中に指を入れて割くようにするときれいに!

子ども人気抜群!
メインディッシュをレンジで手軽に

ハッシュドビーフ

材料

牛薄切り肉…100g
玉ねぎ…1/8個
しめじ…50g
小麦粉…小さじ1/2
Ⓐ トマトケチャップ…大さじ2
　ウスターソース…大さじ2
　酒…大さじ2
　洋風スープの素(顆粒)…小さじ1
バター…8〜10g

準備

1 玉ねぎは薄切りに、しめじは石づきを切り、小房に分け、それぞれコンテナに入れる
2 牛肉を5cm幅に切り、小麦粉をまぶして入れる
3 水大さじ2とⒶを混ぜ合わせて回しかけ、最後にバターをのせる。ふたをして冷凍庫へ

食べる時は…

冷凍庫からコンテナを取り出し、ふたを斜めにのせて電子レンジで7分加熱する

冷凍庫で
1カ月OK!

調理時間は
たったの6分
あとは冷凍庫へ

お肉の旨みが溶け込んだ
ソースの香りが
立ち込める

食べたい時に
冷凍庫から出して
レンジでチン!

600W
7分加熱

コンテナ容量 700ml

冷凍 30日OK

加熱 600W 6分

冷凍前

クセになるまろやかな甘さは
はちみつが決め手!

牛肉の照りみつ炒め

材料

牛薄切り肉…100g
アスパラガス…2本
パプリカ（黄）…¼個
片栗粉…小さじ½

Ⓐ しょうゆ…大さじ2
はちみつ…大さじ2
にんにく（すりおろし）…少々

準備

1 アスパラガスを斜め薄切りに、パプリカを細切りにしてコンテナに入れる
2 牛肉を5㎝幅に切り、片栗粉をまぶして入れる
3 Ⓐを混ぜ合わせ、上から回しかけ、ふたをして冷凍庫へ

食べる時は…

1 冷凍庫からコンテナを取り出し、ふたを斜めにのせて電子レンジで6分加熱する

手をかけたように見える料理も
レンジなら簡単!

チンジャオロース

材料

牛薄切り肉…100g
たけのこの水煮…30g
ピーマン…1個
片栗粉…小さじ1
Ⓐ しょうゆ…大さじ1
オイスターソース…小さじ1
鶏がらスープの素…小さじ⅓

準備

1 たけのこの水煮とピーマンを細切りにして、コンテナに入れる
2 牛肉は食べやすい大きさに切り、片栗粉をまぶしてのせる
3 水70mℓとⒶを混ぜ合わせ、回しかける。ふたをして冷凍庫へ

牛肉に片栗粉をまぶすと
旨みが封じ込められます

食べる時は…

1 冷凍庫からコンテナを取り出し、ふたを斜めにのせて電子レンジで7分加熱する

本格的な味わいに
パパも子どもも大満足！

プルコギ

材料

牛薄切り肉…70g
にんじん…¼本
ニラ…2本
もやし…30g
- Ⓐ しょうゆ…大さじ1
- ごま油…大さじ1
- 酢…大さじ½
- 砂糖…大さじ½
- にんにく（すりおろし）…少々

準備

1. にんじんは千切り、ニラと牛肉は5㎝幅に切る
2. 1の野菜ともやし、牛肉の順にをコンテナに入れる
3. Ⓐを混ぜ合わせ、回しかける。ふたをして冷凍庫へ

食べる時は…

1. 冷凍庫からコンテナを取り出し、ふたを斜めにのせて電子レンジで6分加熱する

コンテナ容量 700㎖
冷凍 30日OK
加熱 600W 6分

PART

野菜や肉も1つのメニューでとれる!

ワンプレートごはん

ボリュームも満点、野菜や肉もバランスよくとることができ、
これひとつで食事が完結する、
丼ものやワンプレートメニューをご紹介。
電子レンジの特性上、野菜の水分で肉を蒸すように
加熱するから、調味料はシンプルなのに
奥行きのある味わいに仕上がるのも魅力です。

黄金ダレがしっかりお肉に絡み、
子どももペロリと完食!

牛丼

コンテナ容量 700ml
冷凍 30日 OK
加熱 600W 6分

材料

ごぼう…½本
玉ねぎ…¼個
牛薄切り肉…100g
A みりん…大さじ2
しょうゆ…大さじ1
鶏がらスープの素（顆粒）…小さじ1
塩…少々

準備

1 ごぼうはささがきにして、酢水につけてあく抜きをし、よく水気を切る。玉ねぎは薄切りに、牛肉は5㎝幅に切る
2 1のごぼうと玉ねぎをコンテナに入れ、最後に牛肉をのせる
3 Aを混ぜ合わせてから回しかける。ふたをして冷凍庫へ

ごぼうは酢水（水200ml に対して酢小さじ1）にさらしてあく抜きを

食べる時は…

1 冷凍庫からコンテナを取り出し、ふたを斜めにのせて電子レンジで6分加熱する
2 ごはんをよそい、1をかけ、お好みで卵黄をのせる

1 材料を入れる

2 調味料を混ぜ合わせて全体に回しかける

3 ふたをして冷凍庫へ

4 食べたい時に冷凍庫から出してレンジでチン!

とろ〜りなすとふっくら鶏を
甘辛ダレが包み込む

鶏肉となすの蒲焼き丼

材料

なす…1本
鶏もも肉…100g
小麦粉…小さじ1
Ⓐ酒…大さじ1
みりん…大さじ1
砂糖…大さじ1
しょうゆ…大さじ1

準備

1 なすを細切りにして塩水にさらし、あく抜きをする
2 鶏肉はそぎ切りにし、小麦粉をまぶす
3 **1**と**2**をコンテナに入れ、Ⓐを混ぜ合わせてから回しかける。ふたをして冷凍庫へ

なすは変色を防ぐため、塩水（水200mℓに対して塩小さじ1/2）にさらして

食べる時は…

1 冷凍庫からコンテナを取り出し、ふたを斜めにのせて電子レンジで8分加熱する
2 ごはんをよそい、**1**をのせる

油を大量に
使いがちななす料理も
レンジなら不要!

コンテナ容量 700mℓ
冷凍 30日OK
加熱 600W 8分

冷凍前

レンジ加熱わずか5分で、
本場の味!

ガパオライス

コンテナ容量 700㎖　冷凍 14日OK　加熱 600W 5分

材料

パプリカ(赤)…1/4個
ピーマン…1/2個
鶏ひき肉…100g
Ⓐ ナンプラー…大さじ1
オイスターソース…大さじ1
しょうゆ…小さじ1
砂糖…小さじ1
にんにく(すりおろし)…少々

準備

1 ピーマンとパプリカを5㎜角に切り、コンテナに入れる
2 鶏ひき肉と水大さじ1、Ⓐを混ぜ合わせてから回しかける。ふたをして冷凍庫へ

食べる時は…

1 冷凍庫からコンテナを取り出し、ふたを斜めにのせて電子レンジで5分加熱する
2 ごはんをよそい、1をのせる
3 お好みで目玉焼きをのせる

冷凍前

コンテナ容量 700ml
冷凍 14日OK
加熱 600W 5分

一度に野菜もたくさんとれる

タコライス

材料

玉ねぎ…1/8個
にんじん…1/4本
豚ひき肉…100g
Ⓐ トマトケチャップ…大さじ2
中濃ソース…大さじ1
洋風スープの素(顆粒)…小さじ1
にんにく(すりおろし)…少々

準備

1 みじん切りにした玉ねぎとにんじんをコンテナに入れる
2 豚ひき肉と水大さじ1とⒶを混ぜ合わせてから回しかける。ふたをして冷凍庫へ

食べる時は…

1 冷凍庫からコンテナを取り出し、ふたを斜めにのせて電子レンジで5分加熱する
2 ごはんをよそい、1をのせる
3 お好みでミニトマト、1cm幅に切ったレタスとシュレッドチーズを添える

野菜の水分で蒸すように加熱した
やさしい味わい

豚肉スタミナ丼

材料

豚バラ肉…100g
小麦粉…小さじ1
もやし…50g
ニラ…2本

Ⓐ しょうゆ…大さじ1
酒…大さじ1
みりん…小さじ2
砂糖…小さじ2
にんにく（すりおろし）…少々

準備

1. 豚肉を5cm幅に切り、小麦粉をまぶす。ニラは3cm幅に切る
2. もやし、豚肉、ニラの順にコンテナに入れる
3. Ⓐを混ぜ合わせてから回しかける。ふたをして冷凍庫へ

食べる時は…

1. 冷凍庫からコンテナを取り出し、ふたを斜めにのせて電子レンジで8分加熱する
2. ごはんをよそい、1をのせる

ニラの茎の根元は特に味と香りが強い箇所。1cmほど切ったらあとはすべて料理に使えます

身近な調味料を混ぜ合わせて
本格的な味わいに

カオマンガイ

コンテナ容量 700ml　冷凍 30日OK　加熱 600W 9分

材料

鶏もも肉…150g
長ねぎ…10cm
A ごま油…大さじ1
酒…大さじ1
しょうが(すりおろし)…小さじ½
しょうゆ…小さじ ½
オイスターソース…小さじ½
鶏がらスープの素…小さじ½
砂糖…小さじ½
酢…小さじ½

準備

1 鶏もも肉は2cm幅に、長ねぎは小口切りにして、コンテナに入れる
2 Aを混ぜ合わせてから回しかける。ふたをして冷凍庫へ

食べる時は…

1 冷凍庫からコンテナを取り出し、ふたを斜めにのせて電子レンジで9分加熱する
2 ごはんをよそい、1をのせる

冷凍庫で
1カ月OK!

準備時間は
たったの4分
あとは冷凍庫へ

一枚肉も切って加熱すると
熱の通りが早く、
ふっくらと

3

食べたい時に
冷凍庫から出して
レンジでチン!

600W
9分加熱

レンチン後

もっと

ルウをポンッと入れるだけ！

時短ワンプレートごはん

簡単ステップで準備時間わずか5分！

1 肉と野菜を入れて

2 味つけはルウにお任せ

コンテナ容量 700㎖

冷凍 30日OK

加熱 600W 12分

調味料はルウとバターだけだから失敗知らず

冷凍前

バターでコクを引き出し
大満足のお店の味に

ハヤシライス

準備

1 1㎝角に切った玉ねぎ¼個、スライスマッシュルーム（パウチ）50g、牛こま切れ肉60gをコンテナ入れる

2 水120㎖、市販のハヤシライスのルウ 1皿分、バター8〜10gを入れ、ふたをして冷凍庫へ入れる

食べる時は…

1 冷凍庫からコンテナを取り出し、ふたを斜めにのせて、電子レンジで12分加熱する

2 取り出して、ルウをよく溶かすように混ぜる

3 ごはんをよそい、2をのせる

バゲットにもごはんにも合わせやすい具だくさんシチュー

クリームシチュー

準備

1 ソーセージ2本は5㎜幅に斜め切り、にんじん 1/4 本は薄い半月切り、玉ねぎ1/8個は粗みじん切り、ブロッコリー20gは小房に分ける。それぞれコンテナに入れる

2 水150mℓと市販のクリームシチューのルウ1皿分を入れる。最後にシュレッドチーズ10gをのせ、ふたをして冷凍庫へ入れる

食べる時は…

1 冷凍庫からコンテナを取り出し、ふたを斜めにのせて、電子レンジで12分加熱する

2 取り出して、ルウをよく溶かすように混ぜる

濃厚な味が好きな人はシュレッドチーズをさらに5gプラスして

冷凍
30日
OK

ケチャップと少しの砂糖で
グンと子ども好みの味に

食欲を刺激する香りと
まろやかなとろみがたまらない王道メニュー

チキンカレー

冷凍前

準備

1 玉ねぎ¼個を1㎝角に、にんじん¼本を2㎜のいちょう切りにする。鶏もも肉70gを小さめのひと口大に切ってから小麦粉をまぶし、すべてコンテナに入れる。

2 水150㎖、トマトケチャップ大さじ1、砂糖小さじ1を混ぜ合わせ、**1**の上に回しかける。最後に市販のカレールウ1皿分をのせる。ふたをして冷凍庫へ入れる

食べる時は…

1 冷凍庫からコンテナを取り出し、ふたを斜めにのせて、電子レンジで12分加熱する

2 取り出して、ルウをよく溶かすように混ぜる

3 ごはんをよそい、**2**をのせる

PART

具だくさん＆もっちり麺がたまらない！

中華麺＆うどん

スープ作りも麺茹でもコンテナひとつ、
レンジ加熱1回で作れるようにと試行錯誤を重ね、
ようやくたどり着いた麺ものレシピ。ほかの調理法よりも失敗しにくいのに、
ワンランク上の味わいに感動するはず。
「ビビン麺」や「ミーゴレン」など、
旨辛アジアンメニューだって、驚くほど簡単に！

中華蒸し麺で作るからお手軽!
アジア風焼きそば

ミーゴレン

コンテナ容量 700mℓ

冷凍 30日OK

加熱 600W 7分

材料

中華蒸し麺…1玉
ごま油…小さじ1
Ⓐ トマトケチャップ…小さじ2
オイスターソース…小さじ1
ナンプラー…小さじ1
砂糖…小さじ1
にんにく(すりおろし)…少々
むきエビ…50g
ピーマン…½個
パプリカ(赤)…⅛個
もやし…50g

準備

1 中華蒸し麺をコンテナに入れて、ごま油と水小さじ2をかける
2 Ⓐを混ぜ合わせてから回しかける
3 エビに塩と片栗粉少々をまぶし、水で軽く洗う。ピーマン、パプリカは細切りにする
4 もやし、ピーマンとパプリカ、むきエビの順にのせ、ふたをして冷凍庫へ

麺のすぐ上にもやしを置くと、もやしの水分で麺が蒸されてもっちりと!

食べる時は…

1 冷凍庫からコンテナを取り出し、ふたを斜めにのせて電子レンジで7分加熱する
2 麺と具をよく混ぜる

1 ごま油と水をかけた中華蒸し麺の上に調味料をなじませる

2 具材をのせる

3 食べたい時に冷凍庫から出して、レンジでチン!

4 麺と具をよく絡めてどうぞ

冷凍前

風味豊かなのに油控えめだから、
あと口はあっさり

汁なし担々麺

材料

中華蒸し麺…1玉
ごま油…小さじ1
豚ひき肉…70g
青ねぎ…2本

Ⓐ
- 酒…小さじ2
- すりごま…小さじ2
- オイスターソース…小さじ1
- 味噌…小さじ1
- 鶏がらスープの素(顆粒)…小さじ1
- 砂糖…小さじ½
- 豆板醤(トウバンジャン)…小さじ½
- しょうが(すりおろし)…少々

準備

1 中華蒸し麺をコンテナに入れて、ごま油と水小さじ2をかける
2 豚ひき肉とⒶを混ぜ合わせてからのせる。その上に小口切りにした青ねぎをのせ、ふたをして冷凍庫へ

食べる時は…

1 冷凍庫からコンテナを取り出し、ふたを斜めにのせて電子レンジで7分加熱する
2 麺と具をよく混ぜる

コンテナいっぱいに野菜と肉を
詰め込んで、食べ応えたっぷり

ビビン麺

コンテナ容量 700㎖
冷凍 14日OK
加熱 600W 7分

材料

中華蒸し麺…1玉
ごま油…小さじ1
にんじん…¼本
小松菜…½株
もやし…30g
豚ひき肉…50g
Ⓐ 焼き肉のタレ…大さじ1
鶏がらスープの素（顆粒）…小さじ1
塩…少々
にんにく（すりおろし）…少々

準備

1 中華蒸し麺をコンテナに入れて、ごま油と水小さじ2をかける
2 にんじんは千切り、小松菜は3㎝幅に切る
3 **2**の野菜ともやしを入れる。豚ひき肉とⒶを混ぜ合わせてからのせる。ふたをして冷凍庫へ

食べる時は…

1 冷凍庫からコンテナを取り出し、ふたを斜めにのせて電子レンジで7分加熱する
2 麺と具をよく混ぜる

冷凍前

バターのコクとベーコンの旨みが
麺と野菜に絡まり、美味

バターしょうゆ焼きそば

材料

中華蒸し麺…1玉

Ⓐ しょうゆ…小さじ2
　みりん…小さじ2
　鶏がらスープの素…小さじ1

小松菜…2株

ベーコン…2枚

バター…8〜10g

準備

1 中華蒸し麺をコンテナに入れて、水小さじ2をかける
2 Ⓐを混ぜ合わせてから回しかける
3 小松菜を3cm幅に、ベーコンを2cm幅に切ってから入れ、上にバターをのせる。ふたをして冷凍庫 へ

食べる時は…

1 冷凍庫からコンテナを取り出し、ふたを斜めにのせて電子レンジで7分加熱する
2 麺と具をよく混ぜる

コンテナ容量 700ml

冷凍 30日OK

加熱 600W 7分

少なめの水と
野菜の水分で蒸すから
もっちり麺に

不動の人気を誇る
常備しておきたいひと品

ソース焼きそば

材料

中華蒸し麺…1玉
サラダ油…小さじ1
Ⓐ ウスターソース…大さじ1
　しょうゆ…小さじ2
　みりん…小さじ1
豚バラ薄切り肉…30g
キャベツ…1枚
にんじん…1/4本
塩こしょう

準備

1 中華蒸し麺をコンテナに入れてサラダ油と水小さじ2をかける
2 Ⓐを混ぜ合わせてから回しかける
3 キャベツは3cm角に、にんじんは千切り、豚肉は3cm幅に切る
3の野菜と豚肉をのせ、塩こしょうをふる。ふたをして冷凍庫へ

食べる時は…

1 冷凍庫からコンテナを取り出し、ふたを斜めにのせて電子レンジで6分加熱する
2 麺と具をよく混ぜる

冷凍前

もっちり麺と奥行きのある
本格的なソースが絶妙!

香港焼きそば

プリプリエビと
野菜の食感がアクセント

材料

中華蒸し麺…1玉
ごま油…小さじ1
Ⓐ オイスターソース…小さじ2
　酒…小さじ2
　みりん…小さじ2
　しょうゆ…小さじ1
　塩こしょう…少々
むきエビ…50g
もやし…50g
ニラ…1本

準備

1 中華蒸し麺をコンテナに入れて、ごま油をかける
2 Ⓐを混ぜ合わせてから回しかける
3 エビに塩と片栗粉少々をまぶし、水で軽く洗う 。ニラを3cm幅に切る
4 もやし、ニラ、エビの順にのせ、ふたをして冷凍庫へ

食べる時は…

1 冷凍庫からコンテナを取り出し、ふたを斜めにのせて電子レンジで6分加熱する
2 麺と具をよく混ぜる

コンテナ容量 700ml
冷凍 30日OK
加熱 600W 6分

テンションが上がる
カレー×つるつるうどん

カレーうどん

コンテナ容量 1100ml
冷凍 30日OK
加熱 600W 15分

材料

ゆでうどん…1玉

Ⓐ カレー粉…大さじ1
みりん…大さじ1
めんつゆ（3倍濃縮）
…大さじ1
和風だしの素（顆粒）
…小さじ½

豚バラ薄切り肉…50g
片栗粉…小さじ1
玉ねぎ…⅛個
にんじん…30g

準備

1 ゆでうどんをコンテナに入れる
2 水300mlとⒶを混ぜ合わせてから回しかける
3 豚肉は3cm幅に切り、片栗粉をまぶす。玉ねぎは薄切り、にんじんは2mmのいちょう切りにする
4 3の野菜、豚肉をのせ、ふたをして冷凍庫へ

片栗粉を肉にまぶすことで、旨みを閉じ込めると同時にスープのとろみ効果も！

食べる時は…

1 冷凍庫からコンテナを取り出し、ふたを斜めにのせて電子レンジで15分加熱する
2 麺と具をよく混ぜる

冷凍中に玉ねぎが肉をやわらかく

ゆでうどんを冷凍&加熱で、
ジューシーに!

焼きうどん

冷凍
30日
OK

加熱
600W
8分

材料

ゆでうどん…1玉
ごま油…小さじ1

Ⓐ めんつゆ(3倍濃縮)…大さじ1
酒…小さじ2
みりん…小さじ2
しょうゆ…小さじ½

豚バラ薄切り肉…50g
長ねぎ…10cm
もやし…30g

準備

1 ゆでうどんをコンテナに入れてごま油と水小さじ2をかける
2 Ⓐを混ぜ合わせてから回しかける
3 豚肉は3cm幅に、長ねぎは2mm幅の斜め切りにする
4 もやし、長ねぎ、豚肉の順に入れ、ふたをして冷凍庫へ

食べる時は…

1 冷凍庫からコンテナを取り出し、ふたを斜めにのせて電子レンジで8分加熱する
2 麺と具をよく混ぜる

冷凍前

身体がポカポカ温まる、
どこか懐かしい味

肉うどん

冷凍
30日
OK

加熱
600W
15分

材料

ゆでうどん…1玉
Ⓐ しょうゆ…大さじ1
みりん…大さじ1
和風だしの素（顆粒）…小さじ½
砂糖…小さじ½
塩…少々
豚バラ薄切り肉…70g
しいたけ…1個
長ねぎ…10cm

準備

1 ゆでうどんをコンテナに入れる
2 水300mℓとⒶを混ぜ合わせてから回しかける
3 豚肉を3cm幅に、しいたけは薄切り、長ねぎは斜め薄切りにする
4 **3**の野菜、豚肉をのせ、ふたをして冷凍庫へ

POINT

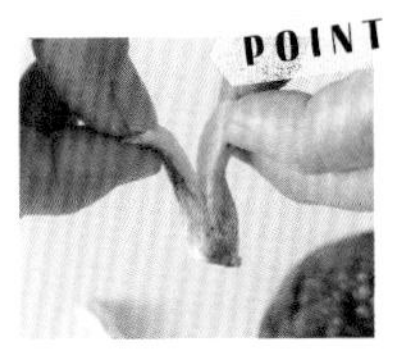

しいたけの軸は旨み成分の宝庫。割いて使うと味が染み込みやすい

食べる時は…

1 冷凍庫からコンテナを取り出し、ふたを斜めにのせて電子レンジで15分加熱する
2 麺と具をよく混ぜる

豚バラ肉としいたけから
だしが出るから
調味料もシンプルに

PART

冷やごはんを使って、手間も時間もカット

ごはんもの

食材の旨みがごはんに染み渡り、
どこか懐かしくてホッとする味をラインナップ。
余りがちな冷やごはんを使えば、レンジ加熱時間も短縮されるから一石二鳥。
おこげが楽しめる「香味炒飯」や
バターの香ばしさがたまらない「野菜たっぷりピラフ」など
リピート必至の絶品レシピが揃いました。

アジアの香りがする
酸味と甘みのきいたあったかごはん

ナシゴレン

コンテナ容量 700ml
冷凍 30日OK
加熱 600W 7分

材料

冷やごはん…150g

- Ⓐ トマトケチャップ…大さじ1
- スイートチリソース…小さじ2
- オイスターソース…小さじ1
- ナンプラー…小さじ½
- にんにく（すりおろし）…少々
- 塩こしょう…少々

むきエビ…60g
玉ねぎ…⅛個
にんじん…¼本
ピーマン…½個
パプリカ（赤）…⅛個

準備

1. 冷やごはんを平たくしてコンテナに入れ、Ⓐを混ぜ合わせて回しかける
2. むきエビは塩と片栗粉少々でまぶし、水で軽く洗う
3. 2のむきエビを1㎝幅に、玉ねぎ、にんじん、ピーマン、パプリカをみじん切りにして入れる。ふたをして冷凍庫へ

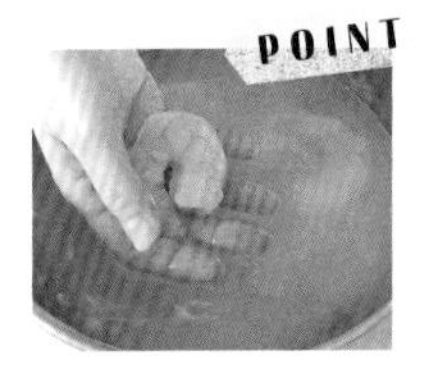

エビは塩と片栗粉をまぶして水洗いすると、臭み抜きに

食べる時は…

1. 冷凍庫からコンテナを取り出し、ふたを斜めにのせて電子レンジで7分加熱する
2. ごはんと具をよく混ぜる
3. お好みで目玉焼きをのせる

1 冷やごはんの上に混ぜ合わせた調味料をかける

2 具材をのせる

3 ふたをして冷凍庫へ

4 レンジ加熱後具材とごはんをよく混ぜ合わせる

ごま油とねぎの香ばしさが
食欲を刺激!

香味炒飯

コンテナ容量 700㎖
冷凍 30日OK
加熱 600W 7分

材料

冷やごはん…150g
- Ⓐ 鶏がらスープの素…小さじ1
- ごま油…小さじ1
- しょうゆ…小さじ1
- オイスターソース…小さじ½
- にんにく（すりおろし）…少々
- 塩こしょう…少々

豚バラ肉…40g
長ねぎ…20㎝
しいたけ…1個

準備

1. 冷やごはんを平たくしてコンテナに入れ、Ⓐを混ぜ合わせてから回しかける
2. 豚肉を1㎝幅に、長ねぎとしいたけをみじん切りにして、入れる。ふたをして冷凍庫へ

食べる時は…

1. 冷凍庫からコンテナを取り出し、ふたを斜めにのせて電子レンジで7分加熱する
2. ごはんと具をよく混ぜる

バターの香りがふわり
彩り豊かな人気メニュー

野菜たっぷりピラフ

材料

冷やごはん… 150g
洋風スープの素（顆粒）
…小さじ1
玉ねぎ…1/8個
にんじん…1/4本
ピーマン…1/2個
パプリカ（赤・黄）… 各1/8個
ハム… 2枚
ホールコーン（缶詰）
…大さじ 1
マッシュルーム（パウチ）
… 50g
バター… 8〜10g

準備

1 冷やごはんを平たくしてコンテナに入れ、洋風スープの素をふる
2 玉ねぎ、にんじん、ピーマン、パプリカをみじん切りに、ハムを1㎝角に切って、入れる
3 汁を切ったマッシュルームとホールコーンを入れ、最後にバターをのせる。ふたをして冷凍庫へ

バターを一番上にのせると、旨みが全体に行きわたる

食べる時は…

1 冷凍庫からコンテナを取り出し、ふたを斜めにのせて電子レンジで4分加熱する
2 ごはんと具をよく混ぜる

スパイシーで手の込んだ味を
コンテナで実現!

ジャンバラヤ

コンテナ容量 700ml

冷凍 30日 OK

加熱 600W 8分

材料

冷やごはん…150g

- Ⓐ カットトマト(缶詰)…大さじ1
  - カレー粉…小さじ1
  - 砂糖…小さじ½
  - 洋風スープの素(顆粒)…小さじ½
  - チリパウダー…少々
  - にんにく(すりおろし)…少々

鶏もも肉…50g

玉ねぎ…⅛個

ピーマン…½個

パプリカ(赤)…⅛個

準備

1 冷やごはんを平たくしてコンテナに入れ、Ⓐを混ぜ合わせてから回しかける

2 鶏もも肉を1㎝角に、玉ねぎ、ピーマン、パプリカをみじん切りにして入れる。ふたをして冷凍庫へ

チリパウダーで好みの辛さに調節を

食べる時は…

1 冷凍庫からコンテナを取り出し、ふたを斜めにのせて電子レンジで8分加熱する

2 ごはんと具をよく混ぜる

冷凍庫で
1カ月OK!

準備時間は
たったの6分
あとは冷凍庫へ

加熱後
手早く混ぜるのがコツ
タレが全体になじみ
いっそうおいしく

食べたい時に
冷凍庫から出して
レンジでチン!

600W
8分加熱

タスカジ依頼者の声から生まれた、ろこ考案の「コンテナごはん」

家事代行マッチングサービス「タスカジ」がおうちごはん&補食事情をリサーチ！

実際の依頼者の声から「コンテナごはん」は生まれました！

塾にスポーツにと習い事が増えてくる小学生高学年以上のご家庭を対象にアンケートを実施。ろこ考案「コンテナごはん」が生まれるきっかけとなった、各家庭のごはん&補食事情をリサーチしました。

【アンケート概要】
方法：「タスカジ」アンケートフォームによるオンライン調査
実施期間：2020年12月4日〜12月7日
対象：小学5年生以上の子どもを持つ家庭

タスカジ TASKAJI housekeeping

タスカジとは…

家事を依頼したい人と、家事を仕事にしたいハウスキーパー（=タスカジさん）が出会える家事代行マッチングサービス「タスカジ」。掃除、料理、整理収納など8つの分野に分かれ、プロフィールとレビューを見て、依頼者自身が自分に合ったタスカジさんを選んで、直接依頼できるシステムが人気。ろこさんは料理分野に登録。
https://taskaji.jp

ごはん事情編

料理はパパとママどちらが担当することが多い？

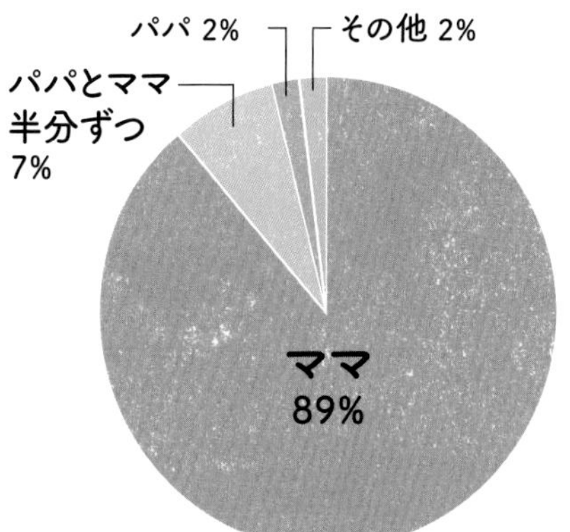

「料理担当はママ」と答えた家庭が約9割

共働きの家庭が増えたとはいえ、料理を担当しているのはまだまだママが大半。仕事や外せない用事で、留守をする時は、「ママが用意しておく」と6割以上の家庭が回答、ママ一人に料理の負担はかかっている現状に。ろこさんの元にも、料理時間を少なくするテク、留守の時の作り置き法などの質問が多く寄せられるのだとか。

Q ママが留守の時、子どものごはんはどうしてる？

（複数回答）

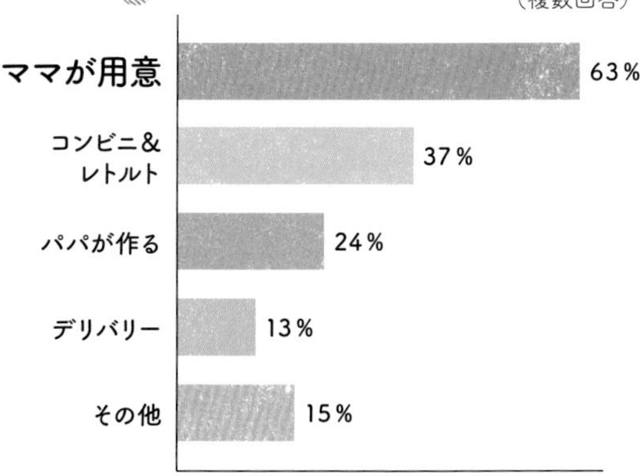

補食編

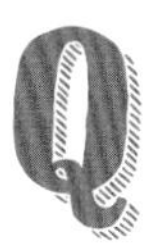

子どもに補食が必要なのは週に何回？

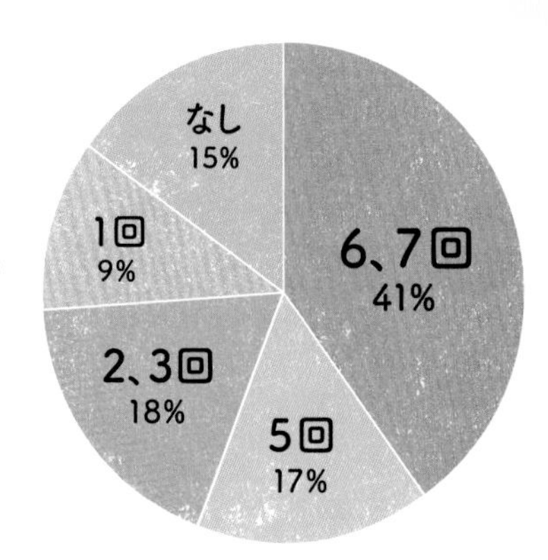

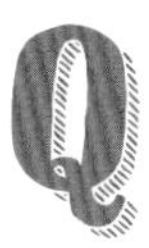

実際に子どもが食べている補食は？

（複数回答）

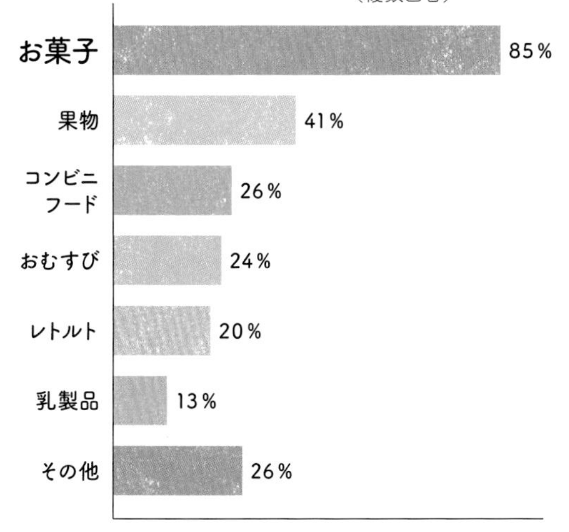

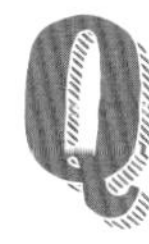

補食に求めるものは？

（複数回答）

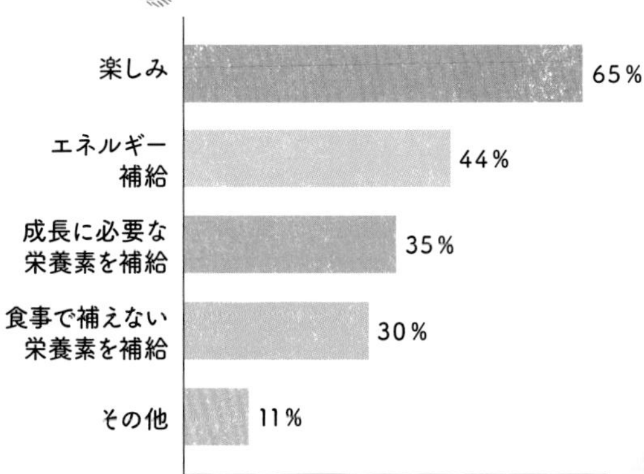

85%の子どもが補食を必要

成長盛りの子どもに欠かせない第4の食事、補食（＝おやつ）。85％の子どもが何かしら補食をとっているという回答に。実際に食べているものは8割以上の家庭でお菓子、他の手軽なコンビニフードやレトルトの利用など。一方、エネルギー補給など栄養面をカバーしたいと考えている人は半数近くに。栄養満点で手軽に用意できるものを補食に！と考えている人は多いよう。

ミールキット編

Q ミールキットを使用したことがある？

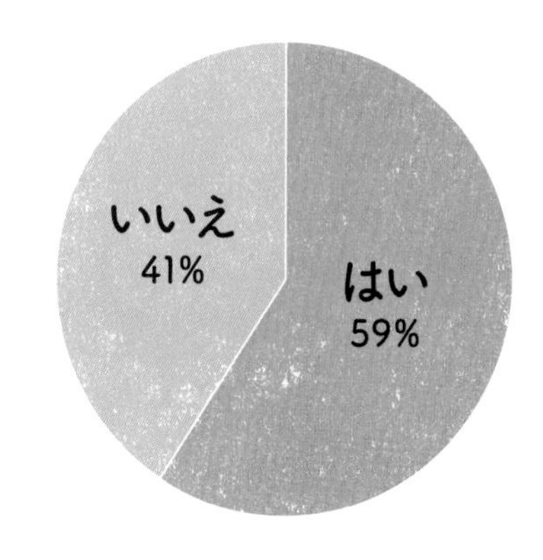

Q ミールキットを使う理由は？

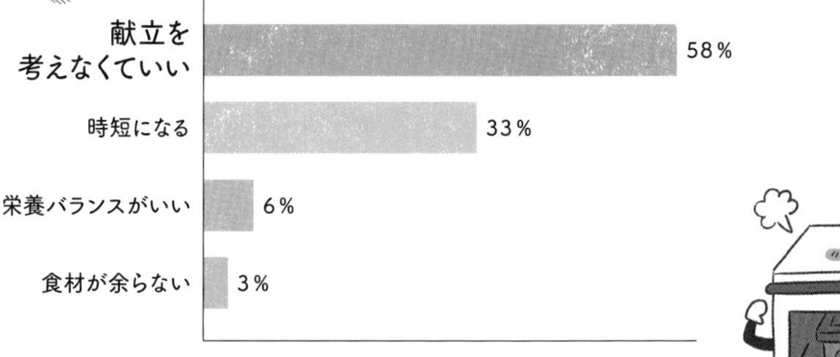

親たちの〝あったらいいな〟を叶える「コンテナごはん」ぜひ、作ってみてください

ミールキットに求めるものは？

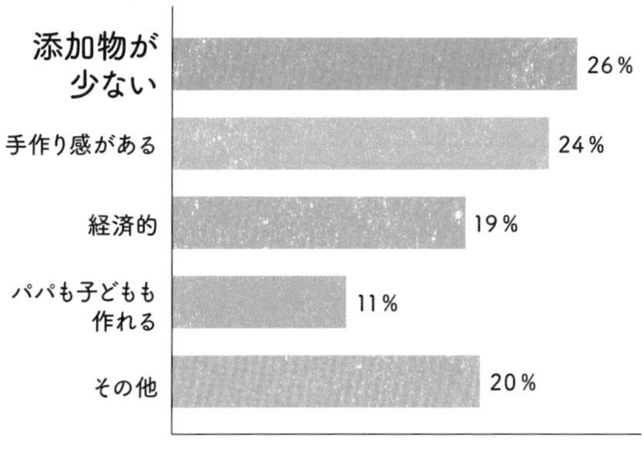

便利なミールキット 添加物が気になるという声も!

親が留守の時、時間がない時にすぐにあったか料理が食べられる、ミールキット。使ったことがある人は半数以上ですが、添加物や価格を気にする声が多く寄せられています。「コンテナごはん」なら、家庭で準備をするから添加物を気にする必要もなし、経済的で手作り感ある料理がすぐにできますよ。家庭にある調味料を使用して作れるので安心安全です。

煮込まないのに、旨みたっぷり

スープ

食材の旨みが溶け込んだ具だくさんスープは、
おやつにも夜食にも大活躍。〝野菜が余っているな〟と思った時が作り時！
パパッと材料をコンテナに詰めて冷凍庫で作り置きをしておくと、
とっても重宝します。レンジ加熱数分で温かいスープのできがり！
やさしい味に、自然と笑顔がこぼれます。

コンテナ容量 700㎖
冷凍 30日OK
加熱 600W 8分

春雨を水で戻す手間をカット!
簡単、具だくさんスープ

春雨中華スープ

材料

春雨…30g
ハム…2枚
しめじ…30g
長ねぎ…10㎝
Ⓐ 鶏がらスープの素(顆粒)
…小さじ1
しょうが(すりおろし)…少々
塩こしょう…少々

準備

1 春雨を食べやすい長さにカットして、コンテナに入れる
2 ハムを1㎝幅に、長ねぎは斜め薄切りに、しめじは石づきを切り、小房に分けて入れる
3 水200㎖とⒶを混ぜ合わせてから回し入れる。ふたをして冷凍庫へ

POINT

春雨は乾麺のままコンテナの大きさに切って入れます

食べる時は…

1 冷凍庫からコンテナを取り出し、ふたを斜めにのせて電子レンジで8分加熱する

1 材料を入れる

2 調味料を混ぜ合わせて全体に回しかける

3 ふたをして冷凍庫へ

4 レンジ加熱後 具材とスープを なじませる

あくの少ない野菜で作るから
冷凍&加熱後も美味!

食べる野菜のコンソメスープ

コンテナ容量 700㎖　冷凍 30日OK　加熱 600W 8分

材料

キャベツ…1枚
にんじん…1/4本
小松菜…1株
Ⓐ洋風スープの素(顆粒)…小さじ2
　塩こしょう…少々

準備

1 キャベツを2cm幅に、にんじんを2mmの半月切りに、小松菜を3cm幅に切る
2 1の野菜をコンテナに入れ、水200㎖とⒶを混ぜ合わせてから回し入れる。ふたをして冷凍庫へ

食べる時は…

1 冷凍庫からコンテナを取り出し、ふたを斜めにのせて電子レンジで8分加熱する

煮込みいらずなのに、
野菜の旨みたっぷり

昆布だしのきいたまろやか味
しょうが入りで身体もポカポカ温まる

ソーセージと白菜のしょうがスープ

材料

ソーセージ…3本
白菜…1枚
しめじ…50g
Ⓐ しょうが(すりおろし)…小さじ1
昆布だし(顆粒)…小さじ½
しょうゆ…小さじ½
塩…少々

準備

1 ソーセージは5㎜幅に斜め切り、白菜は1㎝幅に切る。しめじは石づきを切り、小房に分ける

2 **1**の野菜とソーセージをコンテナに入れ、水200㎖とⒶを混ぜ合わせてから回しかける。ふたをして冷凍庫へ

食べる時は…

1 冷凍庫からコンテナを取り出し、ふたを斜めにのせて電子レンジで8分加熱する

コンテナ容量 700㎖
冷凍 30日OK
加熱 600W 8分

骨からいいだしが出るから、
濃厚で味わい深く!

参鶏湯(サムゲタン)風スープ

コンテナ容量 700㎖
冷凍 30日OK
加熱 600W 12分

材料

長ねぎ…10㎝
しめじ…20g
鶏手羽元…2本
米…大さじ1
Ⓐ 鶏がらスープの素…小さじ1
にんにく(すりおろし)…少々
しょうが(すりおろし)…少々
塩こしょう…少々

準備

1 長ねぎは小口切りに、しめじは石づきを切り小房に分ける
2 1の野菜、米、鶏手羽元をコンテナに入れる
3 水200㎖とⒶを混ぜ合わせてから回しかける。ふたをして冷凍庫へ

食べる時は…

1 冷凍庫からコンテナを取り出し、ふたを斜めにのせて電子レンジで12分加熱する

冷凍庫で
1カ月OK!

1

2

準備時間は
たったの4分
あとは冷凍庫へ

レンジだけで
加熱したとは思えない
豊かな味わい

食べたい時に
冷凍庫から出して
レンジでチン!

3

レンチン後

冷凍前

野菜の甘みがスープに溶け込んでいるから
水っぽくならない

ミネストローネ

材料

キャベツ…1枚
にんじん…1/4本
玉ねぎ…1/8個
ベーコン…1枚
Ⓐ カットトマト（缶詰）…大さじ4
トマトケチャップ…小さじ1
洋風スープの素（顆粒）…小さじ1
オリーブオイル…小さじ1
砂糖 小さじ…1/2
にんにく（すりおろし）…少々
塩こしょう…少々

準備

1 キャベツは1㎝角に、にんじんと玉ねぎを1㎝の粗みじん切りにして、コンテナ に入れる
2 ベーコンを 1㎝幅に切り、1の上にのせる
3 水200㎖とⒶを混ぜ合わせてから回しかける。ふたをして冷凍庫へ

食べる時は…

1 冷凍庫からコンテナを取り出し、ふたを斜めにのせて電子レンジで8分加熱する

コンテナ容量 700㎖
冷凍 30日OK
加熱 600W 8分

隠し味の砂糖でトマトの酸味を和らげて

フォーを入れて
ボリュームアップ

鶏肉のフォースープ

材料

フォー…30g
鶏ささみ…1本
大根…1cm
青ねぎ…2本
Ⓐ ナンプラー…小さじ2
鶏がらスープの素…小さじ½
しょうが(すりおろし)…少々
塩…少々

準備

1 フォーを食べやすい長さに切って、コンテナに入れる
2 鶏ささみは5mm幅のそぎ切り、大根は2mmのいちょう切り、青ねぎは3cm幅に切り、コンテナに入れる
3 水200mlとⒶを混ぜ合わせてから回しかける。ふたをして冷凍庫へ

食べる時は…

1 冷凍庫からコンテナを取り出し、ふたを斜めにのせて電子レンジで8分加熱する
2 お好みでライムを絞る

冷凍前

オクラのネバネバ成分が溶け出て、
スープがトロン!

とろとろオクラのスープ

材料

オクラ…3本
小松菜…1株
乾燥わかめ…大さじ1
Ⓐ 鶏がらスープの素（顆粒）
　…小さじ2
　塩こしょう…少々

準備

1 オクラは小口切り、小松菜は3㎝幅に切る
2 1の野菜と乾燥わかめをコンテナに入れる
3 水200mℓとⒶを混ぜ合わせてから回しかける。ふたをして冷凍庫へ

食べる時は…

1 冷凍庫からコンテナを取り出し、ふたを斜めにのせて電子レンジで8分加熱する
2 お好みで 白炒りごまをふる

薄めに切って冷凍&レンジ加熱なら
根菜の食感もそのまま楽しめる

豚汁

材料

ごぼう…20g
にんじん…¼本
大根…1cm
長ねぎ…10cm
しめじ…30g
豚バラ薄切り肉…30g
Ⓐ 味噌…大さじ1
和風だしの素(顆粒)
…小さじ1

準備

1 ごぼうはささがきにして、酢水につけてあく抜きをする。にんじんと大根は2mmのいちょう切り、長ねぎは斜め薄切りにする。しめじは石づきを切り小房に分ける

2 1の野菜をコンテナに入れ、その上に2cm幅に切った豚肉をのせる

3 80℃ぐらいのお湯200mlとⒶをしっかりと溶きのばしてから入れる。ふたをして冷凍庫へ

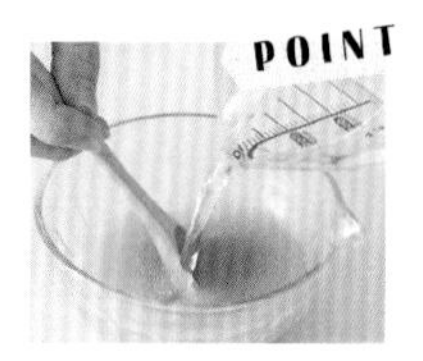

約80℃のお湯で味噌とだしを溶いてから入れると、味噌の風味が損なわれません

食べる時は…

1 冷凍庫からコンテナを取り出し、ふたを斜めにのせて電子レンジで10分加熱する

野菜ソムリエ・ろこの

おかわりが止まらない野菜おかず7

"あと一品あったらいいな"を叶える、小腹が満たせてビタミンたっぷりの野菜おかずをご紹介。すべて5分以内に準備が終わるスピードレシピばかりです。

たっぷりと香ばしいアーモンドをトッピング！

かぼちゃとクリームチーズの煮物

準備

1 かぼちゃ1/8個の種とわたを取り除き、小さめのひと口大に切り、コンテナに入れる
2 クリームチーズ30gを2㎝角に切り、のせる
3 水30㏄と砂糖・みりん各大さじ1、しょうゆ小さじ1を混ぜ合わせてから回しかける。ふたをして冷凍庫へ

食べる時は…

1 冷凍庫からコンテナを取り出し、ふたを斜めにのせて電子レンジで5分加熱する
2 お好みでスライスアーモンド10gをかける

コンテナ容量 480㎖　冷凍 30日OK　加熱 600W 5分

コンテナ容量 480ml　冷凍 30日OK　加熱 600W 4分

冷凍前

シャキシャキ食感が
楽しめる茎も一緒に！

かぶの中華風

準備

1 かぶ2個を縦に半分に切った後、薄切りにする。葉と茎の部分は小口切りにする
2 しょうゆ小さじ2、ごま油小さじ1、酢・砂糖小さじ½を混ぜ合わせてから回しかける。ふたをして冷凍庫へ

食べる時は…

1 冷凍庫からコンテナを取り出し、ふたを斜めにのせて電子レンジで4分加熱する

冷凍前

ごはんがパクパク進む甘辛ダレ

エリンギのオイスターソース煮

エリンギは冷凍すると
旨みや香りがアップ

準備

1 エリンギ2本を縦に薄切りにして、コンテナに入れる
2 水50ml、オイスターソース・しょうゆ各小さじ1、砂糖・片栗粉各小さじ½を混ぜ合わせてから回しかける。ふたをして冷凍庫へ

食べる時は…

1 冷凍庫からコンテナを取り出し、ふたを斜めにのせて電子レンジで4分加熱する

コンテナ容量 480ml　冷凍 30日OK　加熱 600W 4分

カニカマのだしが
なすに染み込み、
深い味わい

加熱するとまろやかな
酸味に！おつまみにぴったり

なすとカニカマのさっぱり和え

コンテナ容量 480㎖ ／ 冷凍 30日OK ／ 加熱 600W 5分

準備

1. なす1本を長さを半分にした後、細切りにして塩水にさらす。カニカマ30gは細く割き、コンテナに入れる
2. ポン酢大さじ2、砂糖大さじ1、ごま油・粒マスタード各小さじ1を混ぜ合わせてから回しかける。ふたをして冷凍庫へ

食べる時は…

1. 冷凍庫からコンテナを取り出し、ふたを斜めにのせて電子レンジで5分加熱する
2. お好みで白ごま少々をふる

冷凍前

バターのコクでまろやかな甘さに

さつまいもの塩バター

おやつや夜食にも！
子どもが大好きな味

準備

1. さつまいも150gを長さ4〜5㎝、幅1㎝の拍子木切りにする
2. あく抜きをするため水にさらした後、水気を切る
3. **2**のさつまいもと砂糖、バター各大さじ1をコンテナに入れ、ふたをして冷凍庫へ

食べる時は…

1. 冷凍庫からコンテナを取り出し、ふたを斜めにのせて電子レンジで5分加熱する
2. 塩少々をふって味を調える

コンテナ容量 480㎖ ／ 冷凍 30日OK ／ 加熱 600W 5分

砂糖をふって
レンジ加熱すると苦みが
抜けて食べやすく!

冷凍
30日
OK

シンプルレシピながら、やみつきになる美味しさ

ピーマンの甘辛和え

準備

1. ピーマン4個を小さめの乱切りにする
2. 砂糖小さじ2、しょうゆ小さじ2をふってまぶす。ふたをして冷凍庫へ

食べる時は…

1. 冷凍庫からコンテナを取り出し、ふたを斜めにのせて電子レンジで3分加熱する
2. お好みでかつおぶし2gを加えて和える

派手さはないけど、あると完食必至のお役立ち副菜

小松菜と油揚げの煮物

準備

1. 小松菜2株を2cm幅に、油揚げ1枚を短冊切りにして、コンテナに入れる
2. 水90ml、しょうゆ・みりん各大さじ1、砂糖小さじ½、和風だしの素（顆粒）小さじ¼を混ぜ合わせてから回しかける。ふたをして冷凍庫へ

食べる時は…

1. 冷凍庫からコンテナを取り出し、ふたを斜めにのせて電子レンジで4分加熱する

ジューシーな油揚げが
たまらない!

「コンテナごはん」加熱時間一覧表

ページ	メニュー	加熱時間
p20	洋食屋のナポリタン	600W 12分
p22	台湾まぜそば	600W 7分
p24	鶏と根菜の混ぜ込みごはん	600W 8分
p26	あさりのボンゴレ風パスタ	600W 12分
p27	ラタトゥイユ丼	600W 8分
p28	ジャージャー麺	600W 7分
p29	味噌マヨ混ぜうどん	600W 6分
p30	キーマカレー	600W 5分
p31	手羽元の煮込み	600W 10分
p32	ふっくらハンバーグ	600W 5分
p34	チゲスープ	600W 10分
p40	ベーコンとコーンのクリームチーズパスタ	600W 12分
p42	ツナときのこのパスタ	600W 12分
p43	カルボナーラ	600W 12分
p44	かぼちゃのスープ風パスタ	600W 12分
p45	ソーセージとエリンギの和風パスタ	600W 12分
p46	サバ味噌煮缶のトマトパスタ	600W 12分
p47	しらすと舞茸のパスタ	600W 12分

キリトリ線

電子レンジの近くに貼っておくと便利！ ひと目で加熱時間がわかる一覧表をご用意。
500Wをご使用の方は1.2倍、700Wは0.85倍を目安に加熱時間を加減ください。

p48 アラビアータ 600W 12分	p49 ミートソースパスタ 600W 12分	p49 ペペロンチーノ 600W 12分
p54 照り焼きチキン 600W 8分	p56 ガーリックカレーチキン 600W 10分	p57 鶏のチリソース 600W 8分
p58 アジアン風鶏もも肉の煮込み 600W 8分	p60 タンドリーチキン 600W 8分	p61 手羽元の塩だれ 600W 10分
p62 麻婆豆腐 600W 8分	p63 豚肉となすのピリ辛中華炒め 600W 5分	p64 シュウマイ 600W 5分
p65 ヤングコーンの豚肉巻き 600W 5分	p66 豚肉のしょうが焼き 600W 6分	p67 なすのひき肉あんかけ 600W 7分
p68 豚肉の塩麹蒸し 600W 6分	p69 油揚げのひき肉詰め 600W 4分	p70 ハッシュドビーフ 600W 7分

キリトリ線

p72 牛肉の照りみつ炒め 600W 6分	p73 チンジャオロース 600W 7分	p74 プルコギ 600W 6分
p76 牛丼 600W 6分	p78 鶏肉となすの蒲焼き丼 600W 8分	p79 ガパオライス 600W 5分
p80 タコライス 600W 5分	p81 豚肉スタミナ丼 600W 8分	p82 カオマンガイ 600W 9分
p84 ハヤシライス 600W 12分	p85 クリームシチュー 600W 12分	p86 チキンカレー 600W 12分
p88 ミーゴレン 600W 7分	p90 汁なし担々麺 600W 7分	p91 ビビン麺 600W 7分
p92 バターしょうゆ焼きそば 600W 7分	p93 ソース焼きそば 600W 6分	p93 香港焼きそば 600W 6分
p94 カレーうどん 600W 15分	p95 焼きうどん 600W 8分	p96 肉うどん 600W 15分

キリトリ線

キリトリ線

p98 ナシゴレン

600W 7分

p100 香味炒飯

600W 7分

p101 野菜たっぷりピラフ

600W 4分

p102 ジャンバラヤ

600W 8分

p108 春雨中華スープ

600W 8分

p110 食べる野菜のコンソメスープ

600W 8分

p111 ソーセージと白菜のしょうがスープ

600W 8分

p112 参鶏湯（サムゲタン）風スープ

600W 12分

p114 ミネストローネ

600W 8分

p115 鶏肉のフォースープ

600W 8分

p116 とろとろオクラのスープ

600W 8分

p117 豚汁

600W 10分

p118 かぼちゃとクリームチーズの煮物

600W 5分

p119 かぶの中華風

600W 4分

p119 エリンギのオイスターソース煮

600W 4分

p120 なすとカニカマのさっぱり和え

600W 5分

p120 さつまいもの塩バター

600W 5分

p121 ピーマンの甘辛和え

600W 3分

p121 小松菜と油揚げの煮物

600W 4分

INDEX

肉・肉加工品

★牛薄切り肉
ハッシュドビーフ …… 70
牛肉の照りみつ炒め …… 72
チンジャオロース …… 73
プルコギ …… 74
牛丼 …… 76
ハヤシライス …… 84

★豚薄切り肉
チゲスープ …… 34
豚肉となすのピリ辛中華炒め …… 63
ヤングコーンの豚肉巻き …… 65
豚肉のしょうが焼き …… 66
豚肉の塩麹蒸し …… 68
豚肉スタミナ丼 …… 81
ソース焼きそば …… 93
カレーうどん …… 94
焼きうどん …… 95
肉うどん …… 96
香味炒飯 …… 100
豚汁 …… 117

★鶏もも肉
鶏と根菜の混ぜ込みごはん …… 24
照り焼きチキン …… 54
鶏のチリソース …… 57
アジアン風 鶏もも肉の煮込み …… 58
タンドリーチキン …… 60
鶏肉となすの蒲焼き丼 …… 78
カオマンガイ …… 82
チキンカレー …… 86
ジャンバラヤ …… 102

★鶏ささみ
鶏肉のフォースープ …… 115

★鶏手羽元
手羽元の煮込み …… 31
ガーリックカレーチキン …… 56
手羽元の塩だれ …… 61
参鶏湯風スープ …… 112

★合い挽き肉
ふっくらハンバーグ …… 32
ミートソースパスタ …… 49

★豚ひき肉
台湾まぜそば …… 22
ジャージャー麺 …… 28
キーマカレー …… 30
麻婆豆腐 …… 62
シュウマイ …… 64
なすのひき肉あんかけ …… 67
油揚げのひき肉詰め …… 69
タコライス …… 80
汁なし担々麺 …… 90
ビビン麺 …… 91

★鶏ひき肉
ガパオライス …… 79

★ハム
野菜たっぷりピラフ …… 101
春雨中華スープ …… 108

★ベーコン
洋食屋のナポリタン …… 20
ラタトゥイユ丼 …… 27
ベーコンとコーンのクリームチーズパスタ …… 40
カルボナーラ …… 43
ペペロンチーノ …… 49
バターしょうゆ焼きそば …… 92
ミネストローネ …… 114

★ソーセージ
ソーセージとエリンギの和風パスタ …… 45
クリームシチュー …… 85
ソーセージと白菜のしょうがスープ …… 111

魚介

★あさりの水煮(缶詰)
あさりのボンゴレ風パスタ …… 26

★カニカマ
なすとカニカマのさっぱり和え …… 120

★サバの味噌煮(缶詰)
サバ味噌煮缶のトマトパスタ …… 46

★しらす
しらすと舞茸のパスタ …… 47

★ちくわ
味噌マヨ混ぜうどん …… 29

★ツナ(缶詰)
ツナときのこのパスタ …… 42

★むきエビ
ミーゴレン …… 88
香港焼きそば …… 93
ナシゴレン …… 98

野菜

★アスパラガス
ベーコンとコーンのクリームチーズパスタ …… 40
牛肉の照りみつ炒め …… 72

★エリンギ
ソーセージとエリンギの和風パスタ …… 45
照り焼きチキン …… 54
エリンギのオイスターソース煮 …… 119

★オクラ
とろとろオクラのスープ …… 116

★かぶ
かぶの中華風 …… 119

★かぼちゃ
かぼちゃのスープ風パスタ …… 44
かぼちゃとクリームチーズの煮物 …… 118

★キャベツ
味噌マヨ混ぜうどん …… 29
ベーコンとコーンのクリームチーズパスタ …… 40
ペペロンチーノ …… 49
照り焼きチキン …… 54
豚肉の塩麹蒸し …… 68
ソース焼きそば …… 93
食べる野菜のコンソメスープ …… 110
ミネストローネ …… 114

★コーン(缶詰/パウチ)
ベーコンとコーンのクリームチーズパスタ …… 40
野菜たっぷりピラフ …… 101

★ごぼう
牛丼 …… 76
豚汁 …… 117

★小松菜
ビビン麺 …… 91
バターしょうゆ焼きそば …… 92
食べる野菜のコンソメスープ …… 110
とろとろオクラのスープ …… 116
小松菜と油揚げの煮物 …… 121

★さつまいも
さつまいもの塩バター …… 120

★しいたけ
鶏と根菜の混ぜ込みごはん …… 24
ツナときのこのパスタ …… 42
肉うどん …… 96
香味炒飯 …… 100

★しめじ
洋食屋のナポリタン …… 20
味噌マヨ混ぜうどん …… 29
手羽元の煮込み …… 31
ツナときのこのパスタ …… 42
ハッシュドビーフ …… 70
春雨中華スープ …… 108
ソーセージと白菜のしょうがスープ …… 111
参鶏湯風スープ …… 112
豚汁 …… 117

★大根
鶏肉のフォースープ …… 115
豚汁 …… 117

★たけのこの水煮
ジャージャー麺 …… 28
チンジャオロース …… 73

★玉ねぎ
洋食屋のナポリタン …… 20
あさりのボンゴレ風パスタ …… 26
キーマカレー …… 30
ふっくらハンバーグ …… 32
かぼちゃのスープ風パスタ …… 44
アラビアータ …… 48
ミートソースパスタ …… 49
タンドリーチキン …… 60
シュウマイ …… 64
豚肉のしょうが焼き …… 66
ハッシュドビーフ …… 70
牛丼 …… 76
タコライス …… 80
ハヤシライス …… 84
クリームシチュー …… 85
チキンカレー …… 86
カレーうどん …… 94
ナシゴレン …… 98
野菜たっぷりピラフ …… 101
ジャンバラヤ …… 102
ミネストローネ …… 114

★長ねぎ&青ねぎ
台湾まぜそば …… 22
鶏のチリソース …… 57
アジアン風 鶏もも肉の煮込み …… 58
手羽元の塩だれ …… 61
麻婆豆腐 …… 62
豚肉となすのピリ辛中華炒め …… 63
豚肉の塩麹蒸し …… 68
油揚げのひき肉詰め …… 69
カオマンガイ …… 82
汁なし担々麺 …… 90
焼きうどん …… 95
肉うどん …… 96
香味炒飯 …… 100
春雨中華スープ …… 108
参鶏湯風スープ …… 112
鶏肉のフォースープ …… 115
豚汁 …… 117

★なす
ラタトゥイユ丼 …… 27
豚肉となすのピリ辛中華炒め …… 63
なすのひき肉あんかけ …… 67
鶏肉となすの蒲焼き丼 …… 78
なすとカニカマのさっぱり和え …… 120

★ニラ
台湾まぜそば …… 22
チゲスープ …… 34
プルコギ …… 74
豚肉スタミナ丼 …… 81
香港焼きそば …… 93

★にんじん
鶏と根菜の混ぜ込みごはん …… 24
キーマカレー …… 30
豚肉のしょうが焼き …… 66
プルコギ …… 74
タコライス …… 80
クリームシチュー …… 85
チキンカレー …… 86
ビビン麺 …… 91
ソース焼きそば …… 93
カレーうどん …… 94
ナシゴレン …… 98
野菜たっぷりピラフ …… 101
食べる野菜のコンソメスープ …… 110
ミネストローネ …… 114
豚汁 …… 117

★白菜
手羽元の塩だれ …… 61
ソーセージと白菜のしょうがスープ …… 111

★白菜キムチ
チゲスープ …… 34

★パプリカ
ラタトゥイユ丼 …… 27
ガーリックカレーチキン …… 56
アジアン風 鶏もも肉の煮込み …… 58
タンドリーチキン …… 60
牛肉の照りみつ炒め …… 72
ガパオライス …… 79
ミーゴレン …… 88
ナシゴレン …… 98
野菜たっぷりピラフ …… 101
ジャンバラヤ …… 102

★ピーマン
洋食屋のナポリタン …… 20
ラタトゥイユ丼 …… 27
チンジャオロース …… 73
ガパオライス …… 79
ミーゴレン …… 88
ナシゴレン …… 98
野菜たっぷりピラフ …… 101
ジャンバラヤ …… 102
ピーマンの甘辛和え …… 121

★ブロッコリー
ペペロンチーノ …… 49
クリームシチュー …… 85

★舞茸
しらすと舞茸のパスタ …… 47

★マッシュルーム(缶詰／パウチ)
ハヤシライス …… 84
野菜たっぷりピラフ …… 101

★もやし
チゲスープ …… 34
プルコギ …… 74
豚肉スタミナ丼 …… 81
ミーゴレン …… 88
ビビン麺 …… 91
香港焼きそば …… 93
焼きうどん …… 95

★ヤングコーン
ヤングコーンの豚肉巻き …… 65

★れんこん
鶏と根菜の混ぜ込みごはん …… 24
ジャージャー麺 …… 28

ろこ

時短料理研究家
フードコーディネーター・野菜ソムリエ。子どもが喜ぶ料理を日々作り続け、これまでの訪問調理実績は延べ400件。タスカジアンバサダーとしても活躍中。現在は自身のインスタグラムにて料理やお弁当の写真を発信している。子どもの気持ちが上がるデコレーションを取り込みつつ、フードコーディネーターとしての知識を活かした視覚的要素にもこだわりを見せる。宝島社『予約が取れないカリスマ家政婦が教える「使いきり」レシピ』にて15レシピ掲載。雑誌『CHANTO』『からだにいいこと』、Webサイト『@DIME』『リビングWeb』などに掲載。NHK『あさイチ』、テレビ東京『よじごじDays』、日テレNEWS24「theSOCIAL」などに出演。
ろこプロフィールページ https://taskaji.jp/user/profile/19044

協力 ―――― 株式会社タスカジ、株式会社アイクリエイト
企画・編集 ―――― 神島由布子
装丁・本文デザイン ―― 蓮尾真沙子（tri）
写真 ―――― 合田和弘
DTP ―――― 鈴木俊行（ラッシュ）
イラスト ―――― 山中正大
撮影協力 ―――― UTUWA

オファーの絶えない大人気料理家 タスカジ・ろこさんの
詰めて、冷凍して、チンするだけ！
3STEP
冷凍コンテナごはん

2021年1月31日　初版第1刷発行
2021年5月15日　初版第7刷発行

著者　ろこ

発行者　小宮英行

発行所　株式会社 徳間書店
〒141-8202
東京都品川区上大崎3-1-1
目黒セントラルスクエア
電　話 編集 03-5403-4350／販売 049-293-5521
振　替 00140-0-44392

印刷・製本　図書印刷株式会社

ISBN978-4-19-865232-6